Ilse Gräfin von Bredow
Die Küche meiner Kindheit

SERIE PIPER

Zu diesem Buch

In ihrer unnachahmlichen Weise führt uns Gräfin von Bredow durch eine ganz besondere Welt: die Küche ihrer märkischen Kindheit. Unersetzlich wie eh und je wirkt die Mamsell im gräflichen Haus, und wenn sie ihren wohlverdienten Urlaub nimmt, beginnt ein großes Jammern und Wehklagen. Dass Tante Herta nun kocht, weckt wenig Vertrauen. Doch aus einer halben Vegetarierin ist eine verliebte Feinschmeckerin geworden; sie brät und backt nicht nur für die Familie, sondern auch für Möpschen und den Dackel. Ilse Gräfin von Bredow lässt ihre Kindheit auferstehen mit Geschichten aus Küche, Hof und Garten.

Ilse Gräfin von Bredow wurde 1922 in Teichenau/Schlesien geboren und wuchs im Forsthaus von Lochow in der märkischen Heide auf. Seit den fünfziger Jahren lebt die Journalistin und Schriftstellerin in Hamburg und hat zahlreiche erfolgreiche Bücher veröffentlicht.

Ilse Gräfin von Bredow

Die Küche meiner Kindheit

Geschichten und Rezepte

Piper München Zürich

Die Rezepte auf den Seiten 79, 136 und 200 stammen von Dagmar von Cramm.

Von Ilse Gräfin Bredow liegen in der Serie Piper vor:
Willst du glücklich sein im Leben (2438)
Denn Engel wohnen nebenan (2439)
Familienbande (2911)
Ein Fräulein von und zu (2912)
Glückskinder (2913)
Ein Bernhardiner namens Möpschen (2914)
Kartoffeln mit Stippe (2915)
Ich und meine Oma und die Liebe (3213)
Denn Engel wohnen nebenan/Ein Bernhardiner namens Möpschen (Doppelband, 3642)
Die Küche meiner Kindheit (4017)

Überarbeitete Taschenbuchausgabe
Piper Verlag GmbH, München
Januar 2004

Erstausgabe in zwei Bänden unter den Titeln:
»Ich sitze hier und schneide Speck« und
»Gieß Wasser in die Suppe – heiß alle willkommen«
Umschlag/Bildredaktion: Büro Hamburg
Isabel Bünermann, Julia Martinez/
Charlotte Wippermann, Kathrin Hilse
Umschlagabbildung: Franz Gräßel (Artothek)
Foto Umschlagrückseite: Gudrun Drews
Gesamtherstellung: Clausen & Bosse, Leck
Printed in Germany ISBN 3-492-24017-8

www.piper.de

Inhalt

Und wer mich liebt, der holt mich weg

Aus heutiger Sicht gesehen war die Küche meiner Kindheit eher murklig. Sie befand sich im Keller, den man damals vornehm Souterrain nannte und der heute zum Tiefparterre hochstilisiert ist. Sie hatte einen reichlich porösen unebenen Zementfußboden und statt einer Wasserleitung eine Pumpe mit Spülstein. Auch das Meublement war bescheiden. Es bestand aus einem wurmstichigen Küchenbuffet für Geschirr, Bestecke und Töpfe und einem Schrank, in dem alles andere Gerät, das man so in der Küche brauchte, untergebracht war. Es gab einen kleinen Brottisch und einen großen Tisch am Fenster, unter dem die beiden Zinkwannen für den Abwasch standen. Die Wände waren gekalkt und über dem Herd von Ruß geschwärzt.

Der Herd war natürlich der Mittelpunkt des Ganzen, ein betagtes Ungetüm, das noch von dem früheren Bewohner des Forsthauses, einem Förster meines Großvaters, stammte. Er war nicht irgendein beliebiger Gegenstand, er gehörte zur Familie und war, wie wir alle, ein eigenwilliger Charakter, der sich nichts gefallen ließ, am wenigsten von schusseligen Stubenmädchen, die, wie Mamsell behauptete, eher den Spruch

»Arbeite fröhlich und gediegen, was nicht fertig ist, bleibt liegen« beherzigten als den von den fleißigen Händen, die kein Ende finden, und ihn gedankenlos mit nassem Holz vollstopften. Die Strafe folgte denn auch im wahrsten Sinne des Wortes auf dem Fuße. Die Ofentür öffnete sich wie von Geisterhand, und eine Ladung angekohlten, rauchenden Holzes landete auf den Schuhen des aufkreischenden Mädchens. Wenn man ihn mit zu viel Kien fütterte, umso schnell wie möglich Kohlen und Holz zum Brennen zu bringen, nahm er es übel. Es entstand in Windeseile eine derart mörderische Hitze, dass die Herdplatte zu glühen und das Wasser im Seitenschiff zu brodeln begann. Dann war es höchste Zeit, einen Teil der Glut in den Ascheimer zu befördern, die Ofentür zu öffnen und das Fenster aufzureißen, damit sich der echauffierte Herd wieder beruhigte.

Mamsell hasste ihn von ganzem Herzen und ließ nicht nach, sich über ihn zu beschweren und einen neuen zu fordern, womit sie natürlich bei Vater auf taube Ohren stieß. Er sah gern über alles hinweg, was er nicht selbst benutzen musste. Zum Beispiel war das Tranchiermesser ein geheiligter Gegenstand, dessen Klinge er genau prüfte, ehe er es in Gebrauch nahm. »Hat schon wieder ein Idiot Kien damit geschnitten? Ist ja ganz schartig«, behauptete er jedes Mal, und während alle Augenblicke neue Wundermesser gekauft werden mussten, verhallten Mamsells Klagen ungehört. Galt denn nicht im ganzen Dorf unsere Küche geradezu als hochherrschaftlich? Na also!

Und er hatte Recht, sie tat es. Allein schon dieser Luxus, eine Pumpe in der Küche! Nicht mehr die ewige Schlepperei mit den Wassereimern vom Hof! Und dann dieser wundervolle Herd, ausgestattet mit zwei Röhren, einer zum Backen und einer zum Braten. In manchen Häusern gab es nur eine Art Feuerstelle, aus Backsteinen gemauert, mit offenem Kamin, durch den die Sterne schauten. Und Dohlen, die ein Nest im Schornstein in Erwägung zogen und sich dazu ein wenig umsahen, kam plötzlich ein zum Wenden in die Luft geworfener Eierkuchen entgegengesegelt. Von einem solchen Herd, wie wir ihn hatten, konnte man nur träumen. Außerdem wusste doch jedermann, dass Seine Königliche Hoheit, der Prinz von Hannover und Herzog zu Braunschweig und Lüneburg, Kommandeur der Ziethenhusaren in Rathenow, nach einer Jagd bei meinem Großvater des Öfteren im Försterhaus eingekehrt war und den Rehrücken der Förstersfrau immer besonders gelobt hatte!

Unsere Küche besaß für Mensch und Tier die gleiche Anziehungskraft. Wintermärchen, das Pferd meiner Schwester, liebte es, in den Garten einzudringen und von dort aus seinen Kopf durchs Küchenfenster zu stecken, um die Streusel vom Blechkuchen zu fressen, der von Mamsell zum Auskühlen aufs Fensterbrett gestellt worden war. Die Backröhre diente im Sommer als Brutkasten für zu früh geschlüpfte Küken, die dort in einem Schuhkarton dem rauen Leben auf dem Hühnerhof entgegenpiepsten. Junge Katzen strichen Mamsell um die Beine, und von uns aufgelesene, aus dem Nest gefallene Spatzenjunge wollten gefüttert werden. In der Küche herrschte Burgfrieden, und so trottete Möpschen, unser Bernhardiner, nur hin und wieder zur offenen Backröhrentür, um die Küken vorsichtig zu beschnuppern, wobei ihm vor lauter Gier nach diesen zarten Leckerbissen der Sabber nur so heruntertropfte. Auch die Katze hielt sich fern. Allein die Unart, sich in die Schüssel mit dem Quark zu legen, der sich mit Hilfe von Natron in Kochkäse verwandeln sollte, war ihr schwer abzugewöhnen.

In unserer Küche gab es ein ständiges Raus und Rein. Wir waren sehr unruhige Kinder und hielten es nicht lange an einem Ort aus. Außerdem waren wir Topfgucker der schlimmsten Sorte und gaben dabei mit großer Wichtigkeit die von den Erwachsenen aufgeschnappten Weisheiten zum Besten. Mamsell war die Geduld selbst und hörte sich den größten Unsinn gelassen an. Nur wenn wir anfingen, uns zu zanken, schmiss sie uns raus.

Die Küche war zudem Schauplatz vieler turbulenter Ereignisse. So beförderte Tante Herta unsere Hauskröte, die sich gerade auf dem Weg von der Kellertreppe zu ihrem Stammplatz unter dem Spülstein neben der Pumpe befand, fast ins Jenseits. Sie stolperte auf der letzten Stufe und versuchte sich vergeblich am Butterfass festzuhalten. Tante und Fass stürzten zu Boden, und die Buttermilch ergoss sich zu Möpschens großer Freude durch die Küche. Oder der für die Gäste im Wasserbad zubereitete Spargelpudding klebte plötzlich an der Decke, weil Mamsell die Form zu hastig geöffnet hatte. So manches Stück wertvollen Porzellans ging zu Bruch, darunter zwei besonders erlesene Mokkatassen, weil Möpschen hin und wieder über die Tauben, die vor dem Küchenfenster auf und ab spazierten, so in Rage geriet, dass er auf den Küchentisch sprang, auf dem die Kostbarkeiten gerade des Abwaschs harrten.

Aber das war nichts gegen das, was Tante Hertas Dackel passierte. Das streitsüchtige Tier griff in der Küche plötzlich Möpschen an, und es gab eine wilde Beißerei. Mamsell fackelte nicht lange. Sie nahm, wie sie glaubte, einen Topf mit Wasser und leerte ihn über beide Hunde aus. Den größten Teil bekam der Dackel ab, der sich augenblicklich in eine Art Zuckerschnecke verwandelte. Was Mamsell für Wasser gehalten hatte, war eine von ihr vorbereitete Zuckerlösung für Obst gewesen, das sie einwecken wollte. Sie schmiss die verdatterten Hunde raus und hatte alle Mühe, die verklebte Küche wieder einigermaßen begehbar zu machen. Als sie damit fertig war, fielen ihr die Hunde wieder ein, die sich inzwischen wahrscheinlich gegenseitig völlig zerfleischt hatten. Doch als sie auf den Hof kam, sah sie die beiden friedlich vereint auf dem Rasen liegen. Mamsell rief den Bernhardiner, aber der kümmerte sich nicht darum. Er war ganz damit beschäftigt, den Dackel abzulecken. Möpschen liebte Süßes über alles, er leckte und leckte, und der Dackel schien seine Streitsucht vergessen zu haben. Von da an waren die beiden Freunde fürs Leben.

Unsere Küche war aber auch ein Ort der Bekenntnisse und Beichten. Junge Tanten, die nach Bällen in Berlin den kleinen Abstecher in unsere Wildnis nicht scheuten und gern einmal bei meinen Eltern hereinschauten, schütteten Mamsell ihr Herz aus. Sie sahen ihr beim Kochen zu und redeten und redeten, während Mamsell alle Augenblicke nach den Kartoffeln kuckte, die nicht kochen wollten, weil der Herd mal wieder nicht genug Hitze gab, und »Miststück!« vor sich hin murmelte, womit sie natürlich den Herd meinte und nicht – wie die Tanten, gerührt über so viel Teilnahme, annahmen – den treulosen Verehrer.

Der Herd war und blieb für Mamsell ein leidiges Thema, das anscheinend im Frühjahr besonders akut wurde, wenn der Schornsteinfeger kommen sollte, der jedoch gern auf sich warten ließ.

Mit dem Frühling war es nicht anders. Auch er nahm sich Zeit und konnte es, was Verspätung anging, durchaus mit der Kleinbahn aufnehmen, die, je nach der Zahl der Waggons, vor jeder kleinsten Steigung eine längere oder kürzere Verschnaufpause einlegen musste. Zwischendurch foppte er uns gern mit ein paar überraschend warmen, fast sommerlichen Tagen, was uns sofort herumnölen ließ: Wir wollten endlich nicht mehr die kratzigen langen Wollstrümpfe tragen, sondern Kniestrümpfe oder Söckchen, warm genug dafür sei es doch nun wirklich. Wie immer gab Mutter nach. Endlich waren wir auch das verhasste Leibchen mit den Strumpfhaltern los, an die die Strümpfe geknöpft waren. Aber nur für kurze Zeit. Das Wetter schlug um, und Husten und Fieber waren die Folgen unseres Leichtsinns, von Mutter als schwere Grippe, von Vater als leichte Erkältung bezeichnet. Während sich die Temperaturen bereits wieder bedenklich dem Gefrierpunkt näherten und vorwitzige Schneeglöckchen, Krokusse und Osterglocken auf dem Rasen von Schlackerwetter überrascht wurden, bekam man kalte Wickel, die das Fieber herunterdrücken sollten, verbrauchte unzählige Taschentücher, trank schaudernd Huflattichtee aus einer von Tante Herta selbst zusammengestellten und von ihr wärmstens empfohlenen Kräutermischung, die grauenvoller als Lebertran schmeckte, fror und schwitzte abwechselnd vor sich hin, das Fieber stieg weiter, und die Tapetenmuster schnitten einem Fratzen. Mutter bestand auf einem Arzt, was Vater völlig überflüssig fand. »Willst du diesen armen Menschen wegen so einer Lappalie wirklich bei Sturm und Regen hierher hetzen?«

»Ja, das will ich«, sagte Mutter sehr bestimmt. Das Fräulein vom Amt, ebenfalls stark verschnupft, erkundigte sich teilnehmend, ob es etwas Ernstes sei, ehe sie meine Mutter mit dem Arzt verband.

»Scheußliches Wetter«, sagte der Doktor, als Mutter ihn ins Krankenzimmer führte, und wärmte sich fürsorglich erst die Hände am Kachelofen, ehe er mich abhorchte. Dann sah er meine Mutter an, sagte: »Na ja«, verordnete weitere Bettruhe, roch am Huflattichtee, warf mir einen mitfühlenden Blick zu und hinterließ einen herrlich schmeckenden Hustensaft, von dem ich freiwillig die dreifache Menge schluckte, außerdem das Allheilmittel Akonit in Form von winzigen Kügelchen, die genau abgezählt werden mussten. Das geschwächte Kind bekam ein kräftigendes gekochtes Täubchen mit Reis, so viel Vanillepudding mit Himbeersaft, wie es wollte – »Das Kind kommt uns sonst zu sehr runter« –, durfte aber erst nach drei fieberfreien Tagen aufstehen und nach zwei weiteren Tagen schließlich an die frische Luft. Eingemummelt bis zur Nasenspitze, bewacht von Mutter, umrundete es ein paar Mal die Leiterwagen auf dem Hof, weil Mutter behauptete, es wehe ein eisiger Wind und bei den Wagen sei es windgeschützt, während das Kind es ziemlich warm fand.

Inzwischen zeigte sich Mamsell einmal wieder von ihrer muffigsten Seite. Sie haderte mit dem Herd, weil ihr ein Napfkuchen missglückt war. Als die Eltern mit mir in die Küche kamen, saß sie beim Kartoffelschälen und murmelte den alten Kindervers vor sich hin: »Ich sitze hier und schneide Speck, und wer mich liebt, der holt mich weg.«

»Aber nicht doch!«, rief Vater. »Was ist denn passiert?«

Mamsell zeigte anklagend auf den verbrannten Napfkuchen.

»Kann ja mal vorkommen«, versuchte Vater sie zu beruhigen.

»Der Herd!«, rief Mamsell. »Er ist der Nagel zu meinem Sarge!«

»Mamsell hat Recht«, kam ihr Mutter zu Hilfe. »Er ist wirklich eine Zumutung.« Sie hustete ostentativ. »Du musst doch merken, wie er qualmt.«

»Nur die Sonne, die auf den Schornstein drückt«, beschwichtigte Vater. »Der Schornsteinfeger hat sich bereits angekündigt.«

»Sonnc? Draußen regnet's, wenn dir das noch nicht aufgefallen ist.«

Vater sah aus dem Fenster. »Tatsächlich. Aber es muss gerade erst angefangen haben. So ist es eben im Frühling. Früh links erwachen, abends rechts einschlafen.« Er lachte herzhaft über diesen abgestandenen Familienscherz.

Mamsells Miene verfinsterte sich mehr und mehr. »Und wer mich liebt, der holt mich weg«, wiederholte sie. Sie sagte es so nachdrücklich, dass Vater zusammenfuhr und ihr versprach, den Ofensetzer zu bestellen.

»Wahrscheinlich muss er nur mal wieder richtig ausgeschmiert werden. Der Schmorbraten neulich war doch eine reine Delikatesse.«

Aber ehe er weiterreden konnte, wurde er ziemlich rüde von Mutter unterbrochen. »Komm uns jetzt bitte nicht wieder mit der Geschichte von Seiner Königlichen Hoheit und dem Rehrücken. Es ist allein Mamsells Verdienst, dass sie mit dieser unbeständigen Hitze alles überhaupt noch so einigermaßen hinbekommt.«

Vater zog hastig seine Taschenuhr: »O Gott, schon so spät! Ich habe ja ganz vergessen, dass ich mit dem Bürgermeister verabredet bin!« Er verließ fluchtartig die Küche. Die beiden Frauen sahen sich an. Mutter wollte wissen, was es zum Mittagessen geben sollte.

»Hefeklöße mit Backobst«, erklärte Mamsell. Mutter lächelte belustigt und schadenfroh zugleich. Vater hasste Hefeklöße mit Backobst. Mit heißer Pflaumensoße waren sie vielleicht noch akzeptabel. Aber Backobst!

»Steter Tropfen höhlt den Stein.« Mamsells Stimme klang zuversichtlich.

Mutter seufzte. »Ich kenne den Stein länger.«

Natürlich galt auch für Vater die eiserne Regel: Was auf den Tisch kommt, wird gegessen, obwohl wir Kinder fanden, dass alles, was wir nicht mochten, besonders häufig serviert wurde: Erbsen- und Linsensuppe, Béchamel-Kartoffeln, Steckrüben, Schnippelbohnen, Blumenkohl, Rosenkohl, Wirsingkohl oder Graupen. Und fast alles Gemüse wurde mit einer Mehlschwitze angedickt. Allerdings hatten wir nichts einzuwenden gegen falschen Hasen, dessen Reste wir dann zum Abendbrot noch einmal als Aufschnitt mit Mostrich bestrichen aßen, verlorene Eier, Kartoffelbrei mit Setzeiern, arme Ritter und Eierkuchen. Fleisch stand höchstens ein-, zweimal in der Woche auf dem Speisezettel. Am Sonntag gab es den obligaten eingeweckten Schweinebraten mit Sauerkraut und Kartoffelklößen oder Wild. Und auch der Sonnabend hatte sein Stammgericht: Kartoffelsuppe. Die tägliche Suppe vor dem Hauptgericht war meist mit Grieß angemacht und schmeckte reichlich fade, aber der Abschluss fand wieder unseren Beifall, Kompott oder der geliebte Grießflammeri, in Form eines Fisches, mit Johannisbeersaft. Auch zum Abendbrot musste vorweg etwas Warmes die Mägen füllen, Bratkartoffeln, Kartoffeln mit Stippe oder Sülze und Rührei natürlich. Da dieses im Winter von eingelegten Eiern stammte, hatte es eine reichlich gummiartige Konsistenz. Wir lechzten geradezu nach frischen Eiern, und bei den Abendeinladungen in der Nachbarschaft hieß es nun nicht mehr: »Legen deine Hühner noch?«, sondern: »Legen deine Hühner wieder?«

Aber die waren ebenso »von Anhalt« wie die Natur, die nach dem ersten Überschwang wieder in den Winterschlaf zurückgefallen zu sein schien. Nicht einmal das Wasser auf den Wiesen konnte sich entschließen abzufließen, und wir balancierten weiterhin die Koppelzäune entlang auf der Suche nach laichenden Hechten. Nur Kraniche und Wildgänse waren verheißungsvolle Frühlingsboten. In Scharen zogen sie über unsere Köpfe hinweg, und so lasen wir zum x-ten Mal Selma Lagerlöfs *Nils Holgersson* und übten uns weiter in Geduld. Denn das hatten wir als Landkinder längst gelernt: Die Natur ließ sich nun mal nicht drängeln.

Die merkwürdige Taube

Der einzige Lichtblick in dieser eierlosen Zeit war das Huhn Mathilde die Wilde, so genannt nach einer Figur aus Auerbachs Kinderkalender, einem frechen, vorlauten Kind, mit dem, wie wir fanden, Mathilde eine gewisse Ähnlichkeit hatte. Zudem war sie ein wirklich außerordentliches Huhn, dem die Widrigkeit der Jahreszeiten fremd zu sein schien. So etwas wie Mauser kannte sie jedenfalls nicht, und die Misslichkeit, wie ihre Artgenossinnen halb nackt herumzulaufen, blieb ihr erspart. Sie verlor ihr schmuckes Federkleid nie und legte das ganze Jahr hindurch Eier. Allerdings dachte sie nicht daran, das dafür bestimmte Nest zu benutzen. Sie zog es vor, ihre eigenen wilden Wege zu gehen. Und die führten sie sonst wohin, egal, ob das frisch gelegte Ei bei fünfzehn Grad unter Null einfror oder nicht.

Vater regte sich darüber am meisten auf, denn es ging um *sein* Frühstücksei, ein Privileg, das er sich einfach zugestand und auf das er pochte. Er ließ sich weder von gierigen noch vorwurfsvollen Blicken in seinem Genuss stören und gab uns nur gelegentlich einen winzigen Klecks Eigelb ab, das er mit seinem Eierlöffel auf unsere Brote strich. Für diese wirklich außerordentliche Großzügigkeit war es unsere Pflicht, Mathilde ständig im Auge zu behalten; der Ruf »Mathilde ist jetzt in der Scheune!« ließ uns sofort dorthin eilen, und die Suche nach dem Ei begann. Manchmal erwies es sich dabei als notwendig, einen schmalen Balken entlang zu balancieren, was mein Bruder mutig tat.

»Junge, sei vorsichtig!«, rief Mutter, und Vater: »Pass auf, dass das Ei nicht kaputtgeht!«

Mathildes Eier waren an den unmöglichsten Stellen zu finden: in der Häckselmaschine, im geschlossenen Coupé, genannt der Affenkasten, in einer Krippe im Pferdestall. Eines Tages kam mein Onkel vom Nachbarort herüber, und wir gingen mit ihm über den Hof, als er seine kurzsichtigen Augen auf den Taubenschlag richtete. »Was ist denn das für 'ne Rasse? So 'ne merkwürdige Taube hab ich ja überhaupt noch nicht gesehen!«

»Glaub ich dir aufs Wort«, sagte Vater. Denn was sich da zwischen die gurrenden Tauben gesellt hatte, war Mathilde, und als sie uns sah, gackerte sie impertinent.

Irgendwann kam sie dann von einem ihrer Ausflüge nicht mehr zurück. Niemand wusste, was mit ihr passiert war. Hatte sie der Fuchs geholt, oder war sie in den Kochtopf fahrenden Volkes geraten, das mit Beginn des Frühjahrs wieder durch die Lande zog? Im Gegensatz zu anderen Hühnern blieb sie uns in Erinnerung, und im Winter blickte Vater noch lange wehmütig auf seinen eierbecherlosen Teller.

Allmählich machte der Frühling sichtbare Fortschritte. Die Maulwürfe tummelten sich unter dem noch nicht wieder gewachsenen Rasen, Blesshühner und Enten zankten sich auf dem See um die besten Nistplätze, die Kiebitze zeigten ihre Flugkünste, und auf den vorher überschwemmten Wiesen standen nur noch einige Pfützen. Winzige Lebewesen durchpflügten das Wasser in den Regentonnen, der Kahn wurde neu geteert, die Reusen wurden instand gesetzt, und Vater sagte: »Der Frost ist raus, jetzt können wir mit Pflanzen anfangen.«

Auch das Geflügel begann sich auf seine Pflichten zu besinnen, wenn auch zunächst noch recht zaghaft. Und dann endlich gab es wieder die lange vermissten Köstlichkeiten: jede Art von Omeletts, salzig oder süß, Baisers mit Schlagsahne, Eierkuchen mit Apfelmus, Biskuitrolle, und wenn Mamsell guter Laune war, erlaubte sie uns Kindern Hoppelpoppel, ein mit Zucker kremig geschlagenes Ei. Enten- und Gänseeier durften nur gekocht verwendet werden. Man hielt sie roh für gefährlich, und zum Beweis dieses Glaubens erzählte Mamsell uns gern die Geschichte von einem Jungen namens Franz, der ein Entenei getrunken hatte. Er wurde ohnmächtig, und ein paar Tage später fielen ihm sämtliche Haare aus, die nie wieder nachwuchsen. Worauf mein Bruder mich nachdenklich ansah und meinte, er würde mich auch gern mal mit Glatze sehen.

Zu unserer Verwunderung waren viele der gelegten Eier sehr klein, manche nur noch taubeneigroß, was Mutter Rätsel aufgab, Vater weniger. Er betrachtete sich lange den überaus aktiven Zwerghahn, ein Witwer, dessen Hühnerschar abhanden gekommen war und der nun fleißig die Rodeländer Hennen bekurte, was sie sich gern gefallen ließen. Ihr eigentlicher Herr, ein farbenprächtiger, stattlicher Italiener, schien resigniert zu haben. Er kam seinen Pflichten nur noch selten nach und zog es nun vor, nach Regenwürmern und Käfern Ausschau zu halten.

»So geht das ja nun wirklich nicht«, meinte Vater, und am Sonntag darauf gab es Hühnerfrikassee mit Reisrand, allerdings mehr Reisrand als Huhn. »Honni soit qui mal y pense«, sagte Vater und fischte sich das größte Stück heraus.

Der Frühling zeigte sich nun von der freundlichsten Seite. Alles schien auf einmal aus dem Winterschlaf aufgewacht zu sein und blühte in allen Farben, Weidenkätzchen und Forsythien, Haselnuss, Veilchen, Anemonen, Narzissen und Tulpen. Die Stare kreisten einer schwarzen Wolke gleich über dem See und fielen in die große Pappel vor unserem Haus ein, wo sie uns morgens mit lautem Geklapper weckten.

Im ganzen Haus zog es wie Hechtsuppe, denn nun war der Hausputz dran. Überall roch es nach Spiritus, Bohnerwachs und Kernseife. Die Tüllgardinen wurden abgenommen und gewaschen, Teppiche und Polstermöbel geklopft und sämtliche Silbersachen mit einem Korken und Pariser Rot geputzt. Ein nur selten benutztes, weil sehr kostbares Porzellan wurde aus dem Esszimmer geholt und vorsichtig abgewaschen. Danach stellte Mutter alles eigenhändig wieder zurück und legte sorgfältig von uns Kindern als Weihnachtsgeschenk angefertigte, umsäumte Flanelldeckchen zwischen die Teller. Sie sollten das unersetzliche Porzellan gegen Erschütterungen durch vorbeifahrende Heuwagen schützen. Dabei kämpften die sich nur mühsam mit mahlenden Rädern durch den tiefen märkischen Sand, so dass sie selbst die kostbaren Gläser im Glasschrank nicht zum Klirren brachten. Die durften wir Kinder nie in die Hand nehmen, denn sie stammten von Kaisern und Königen und sonstigen bedeutenden Menschen und hatten unsere Familie durch Jahrhunderte begleitet. Gute fünfzehn Jahre später war ihr Ende dann weniger glanzvoll: Die Russen warfen sie nach jedem Trunk fröhlich hinter sich.

Auch unser Kinderzimmer blieb von der allgemeinen Reinigungswut nicht verschont. Wir wuschen Puppenkleider, schnitten dem flauschigen Teddybären die Haare im Gesicht kurz und säuberten das Aquarium, ein nicht leicht zu handhabendes Unternehmen, denn der Schlauch, mit dem man das Becken leerte, musste erst angesaugt werden, ehe das Wasser abfließen konnte. Wie immer gab es viel Gespucke und eine halbe Überschwemmung, während die in ein großes Weckglas evakuierten Fische uns glotzäugig zusahen. Dann reinigten meine Schwester und ich liebevoll unsere Nippesfiguren, all die wundervollen Scheußlichkeiten: mit Muscheln beklebte Schachteln, Zwerge aus Gips, Männchen machende Zelluloidhündchen, neckische Tänzerinnen und sich aufbäumende Pferde.

Wir waren nun wieder den halben Tag draußen, kletterten in der Lake auf die Bäume und kuckten in die Krähennester, ob schon Eier drin waren, spielten Versteck im Dunkeln oder »Wer fürchtet sich vorm schwarzen Mann« und warfen unermüdlich den Ball gegen das Scheunentor, um ihn nach genau vorgeschriebenen Regeln, mal mit der flachen Hand, mal mit gefalteten Händen, laut zählend zurückzuschlagen. War der Ball, bevor man die vorgeschriebene Zahl erreicht hatte, auf den Boden gefallen, musste man wieder von vorn beginnen. Wir taten es mit großem Ernst, wieder und immer wieder, bis wir fast in Trance verfielen. Danach liefen wir in den Schweinestall und aßen Kartoffeln aus dem Dämpfer, so dass wir zum Abendbrot nicht mehr den rechten Appetit mitbrachten, lustlos an einem Brot mit der von uns nicht sehr geliebten Blutwurst herumkauten und, wenn Vater nicht hinsah, die verbrannten Brotkanten verstohlen unter das Messer schoben.

Und dann, nach all dem Hin und Her mit den aufgerollten Teppichen, über die Vater unweigerlich stolperte, Mutters ständigen Ermahnungen, mal wieder frisches Wasser zum Wischen zu nehmen – »Mit einem Eimer Wasser wischt sie das ganze Haus, und was davon noch übrig bleibt, da kocht sie Kaffee draus«, murmelten wir mit einem scheuen Seitenblick, um nicht zu riskieren, einen nassen Scheuerlappen um die Ohren zu bekommen –, nach interessanten Polkereien mit dem Taschenmesser in den breiten Dielenritzen, deren Ergebnisse, meist Liebesperlen oder Stecknadeln, sich dann aber doch als ziemlich wertlos erwiesen, verkündete Mamsell: »Nun ist die Küche dran!«

Vaters Reaktion kam prompt, er müsse nach Berlin, er habe dort dringend zu tun. »Ich komme mit«, sagte Mutter, was Vater nach einigem Zögern bewilligte. Mamsell war es nur recht, und wir Kinder wussten: In dieser Woche war mit vernünftigem Essen nicht zu rechnen, nur mit Zusammengekochtem und Suppen.

Die Eltern fuhren ab, und Mamsell stellte die Küche auf den Kopf. Die Stimmung im Haus war kriegerisch. Mein Bruder verzog sich mit dem Kahn auf den kleinen See, und ich lief zum Witzker See, an dessen Ufer damals noch ein Bootshaus stand, in dem unser Paddelboot untergebracht war. Ich setzte mich auf die Erde und lehnte den Rücken an die Wand des Bootshäuschens. Den Geruch von Schilf, Teer und Modder in der Nase, das Geschnatter der Wildenten, den Gesang der Lerchen und das Summen von Hummeln und Bienen, die durch die blühenden Weiden und Haselnusssträucher schwirrten, im Ohr und einen von Mamsells gekochten Sahnebonbons auf der Zunge, gab ich mich meinen Tagträumen hin, in denen mich alle Menschen zauberhaft fanden, ich schneller laufen konnte als jedes andere Kind und jedermann, beeindruckt von meiner Schönheit, sich nach mir umdrehte. Plötzlich stieß mir etwas Kaltes, Feuchtes ins Gesicht, und ich versuchte mich mit einem Aufschrei aufzurappeln, was aber Möpschen mit seinen nassen Liebesbezeugungen verhinderte, so froh war er, mich gefunden zu haben. Gemeinsam mit ihm trottete ich nach Hause, ziemlich lustlos, denn das Mittagessen, das uns erwartete, konnte ich mir schon denken. Mit großer Wahrscheinlichkeit war es »Rennfahrers Ende«, wie mein Bruder das Lungenhaschee nannte. Aber wie immer im Leben kam alles anders. Mamsell spendierte uns Königsberger Klopse mit Kapern und hinterher Schokoladenkrem, die es sonst nur für Gäste gab und die in farbige Kelchgläser – »Die müssen noch von den Urgroßeltern stammen!« – gefüllt wurde.

»Alles mein Verdienst«, erklärte meine Schwester, und so war es denn wohl auch. Sie hatte fleißig mitgeholfen, hatte Töpfe geschrubbt, Bestecke sortiert, die Messingstange am Herd auf Hochglanz gebracht und stapelweise Zeitungen für Toilettenpapier zurechtgeschnitten. Dabei hatte sie allerdings auch die erwischt, aus der Vater unbedingt etwas ausschneiden wollte. Er fand den wichtigen Artikel nur noch zerstückelt vor, aber er nahm es gelassen und meinte: »Guter Lesestoff ist an jedem Ort willkommen.«

Gerubbelt von rechts, gerubbelt von links

Du siehst geschäftig bei den Linnen / die Alte dort im weißen Haar, / die rüstigste der Wäscherinnen / im sechsundsiebenzigsten Jahr!«, zitierte Vater beim Frühstück. Wir sahen sie, wenn es auch drei waren und keine alt und weißhaarig, und das drei Tage lang. Denn so viel Zeit brauchte man, um mit dem Wäscheberg, der sich in einem Monat angesammelt hatte, fertig zu werden. Vater wollte das nie so recht glauben und sah daher nicht ein, dass man für »das bisschen Wäsche« drei Frauen benötigte. Er musste sich erst in der Waschküche selbst davon überzeugen, wobei er, während er den stattlichen Wäscheberg musterte, jedes Mal wieder darauf zurückkam, dass wir in den ersten Jahren sogar noch einen Diener und ein Kindermädchen gehabt hatten.

»Schön war die Zeit«, sagte Mutter, die sich allerdings noch im Nachhinein wunderte, wie das in dem kleinen Forsthaus mit der Unterbringung von so vielen Menschen geklappt hatte.

Vater stocherte in der Wäsche herum und zog mit seinem Stock ein spitzenbesetztes hellblaues Nachthemd hervor. »Donnerwetter! Wem gehört denn diese Nachtfracke?«, fragte er interessiert.

»So was Teures? Mir wohl kaum«, sagte Mutter spitz. »Sie wird von einem unserer Gäste stammen.«

»Donnerwetter!«, sagte Vater noch einmal, ließ es aber dabei bewenden. Dafür meinte er, er habe den Eindruck, mit Handtüchern werde in diesem Haus ziemlich geaast. »Ich glaube«, sagte Mutter, »das trifft mehr auf deine Oberhemden zu.« Dagegen verwahrte Vater sich aufs Entschiedenste. »Du kritisierst doch immer, wie unsoigniert ich herumlaufe. Soll ich, wenn ich einen Baum ausschneide, vielleicht jedes Mal mein Hemd ausziehen?«

»Nun sieh dir diese dunkle Waschküche an«, lenkte Mutter ab. »Sie ist viel zu klein, die Frauen können sich ja kaum drin drehen.«

»Sag ich ja«, sagte Vater, »warum drei Frauen?«

Dabei war die Waschküche, die sich neben dem Schweinestall befand, selbst für eine einzelne Frau fast zu winzig. Trotzdem war sie der reine Luxus. Häufig wurde noch im Dorf der Waschzuber auf den Hof gestellt, und man wusch im Freien, was im Winter seine Schwierigkeiten hatte.

Die monatliche große Wäsche war für alle eine umständliche und zeitaufwendige Angelegenheit. Deshalb wurde mit frischer Wäsche sparsam umgegangen, auch bei uns. Einmal in der Woche gab es saubere Leibwäsche, und einmal im Monat war die Bettwäsche dran. Nur Handtücher und Tischdecken wechselte man öfter und natürlich die Strümpfe, die zwischendurch in der Küche gewaschen wurden. Wir waren gehalten, uns beim Spielen in Acht zu nehmen und nicht wie die Ferkel nach Hause zu kommen. Schürzen, die das Gröbste verhindern konnten, fand Mutter jedoch spießig, und auch die weißen Zierschürzen für den Sonntag waren bei uns verpönt.

Im Übrigen ging man nicht nur mit der Wäsche sparsam um, sondern auch mit anderer Kleidung. Nur selten wurde etwas wirklich ausrangiert. Jedes Kleidungsstück wurde immer wieder geflickt, gestopft, Säume wurden ausgelassen oder gekürzt, Manschetten und Kragen gewendet, und was nicht mehr passte, wurde weiter gemacht, wofür vorgesorgt war. »In der Naht ist noch genug drin«, hieß es dann, und aus war der Traum vom neuen Kleid.

Auch neue Schuhe bekamen wir nur, wenn wir herausgewachsen waren und es keine abgelegten gab. Wir mussten unsere Füße auf ein Stück Papier stellen, und Mutter zeichnete die Umrisse auf, damit sie bei ihrer nächsten Fahrt nach Berlin die passenden aussuchen konnte, natürlich von Salamander. Uns nach Berlin mitzunehmen hätte das Unternehmen zu teuer gemacht, das Vater sowieso nicht gern sah. »Immer bist du weg, und müssen es schon wieder neue Schuhe sein? Diese sind doch noch tadellos!«

Wenn wir draußen herumliefen, trugen wir mit Tran wasserdicht gemachte Schmierstiefel, mit denen man durch jede Pfütze patschen konnte und die überhaupt nicht kaputt zu kriegen waren. Nur die Schnürsenkel mussten alle paar Monate ausgewechselt werden.

Im Alltag wurden wir nicht gerade herausgeputzt. Das sparte man sich für festliche Gelegenheiten auf, bei denen wir dann der Verwandtschaft in Samtkleidern mit breiten Schärpen und großen Kragen oder Gesmoktem präsentiert wurden. Auch nur dann trugen meine Schwester und ich das Haar offen, was beim Toben durch den Wald auch höchst unpraktisch gewesen wäre. Im Übrigen folgten meine Eltern der allgemeinen Marine-Mode: Gestreifte Matrosenblusen und blaue Faltenröcke für die Mädchen und für die Jungen bis zu den Knien reichende blaue Hosen der Marke Bleyle waren für Kinder so etwas wie eine Uniform. Unsere Mäntel, ebenfalls dunkelblau, waren praktischerweise sowohl rechts wie links zu knöpfen, so dass sie gleichermaßen an Jungen wie Mädchen weitergegeben werden konnten. Überhaupt wurde in unserer Familie munter hin und her geerbt. Gelegentlich gab es da bei den Müttern ein gerührtes Wiedersehen. »Ist das nicht Viktors Jacke, die dein Sohn da anhat? Ja natürlich, sie ist es. Mein Gott, wie lange ist das her! Viktor studiert ja schon. Und danach hat sie doch erst noch Jochen getragen und dann Ludwig. Und nun ist sie hier gelandet. Wie die Zeit vergeht! Und immer noch wie neu!«

Am Abend vor dem ersten Wäschetag wurde die Wäsche mit Henko eingeweicht und Holz und Wasser für den nächsten Morgen herangeschleppt. Die Waschprozedur dauerte drei Tage. Erst war die Kochwäsche an der Reihe, dann das Bunte, und den Abschluss bildeten Küchentücher und Putzlappen. Zwei Frauen aus dem Dorf rückten an, und zur Verstärkung kam Agnes Heidepriem über den See gerudert.

Agnes war das Mädchen für alles und gehörte zu meiner Kindheit wie die Spatzen im Efeu und die Stare in der Pappel. Sie war eine stattliche, kräftige Person und immer freundlich, allerdings auch eine »Wundertüte«, wie die Mädchen sie nannten, weil sie voller Staunen alles glaubte, was wir Kinder ihr wichtigtuerisch erzählten – »Nee, nee, wat es nich allens givt!« In meiner Erinnerung war sie immer gleich angezogen mit einem dunklen, bis zum Knöchel reichenden Kleid, darüber eine Warpschürze und im Sommer auf dem Kopf eine Art Schutenhut, der sie gegen die Sonne schützte. Für Vater war sie unentbehrlich, denn im Wald und mit seiner Pflege – Beschneiden, Pflanzen, Durchforsten und Hacken – kannte sie sich besser aus als mancher Förster. Aber sie war auch ebenso im Garten kundig, half im Haushalt, wenn es Not tat, und im Winter den Bauern beim Schilfschneiden. Und natürlich vom Frühjahr an, wenn der See nicht mehr zugefroren war, bei der großen Wäsche.

Im Winter wurde das Wasser von der Pumpe im Hof geholt, wobei einem ohne Handschuh die Hand am Pumpschwengel festfror und die Pumpe immer wieder mit warmem Wasser angegossen werden musste. Sobald die Witterung es erlaubte, die letzten Eisschollen auf dem Witzker See geschmolzen und die Wiesen nicht mehr überschwemmt waren, holte ein zur Wassertonne umfunktionierter Jauchewagen das Wasser aus dem See. Ende März war das manchmal schon möglich, und auch für Agnes Heidepriem und ihren Kahn war der Weg wieder frei.

Jedes Wäschestück wurde gut und gern zwanzigmal in die Hand genommen, bis es schließlich ganz ermattet auf der Leine hing: vorsortiert, im Einweichwasser geschwenkt, gewrungen, zum Kochen in den Waschkessel befördert, mit Holzstangen in den Waschzuber gehoben, gerubbelt von rechts, gerubbelt von links, gewrungen, gespült, gewrungen, wieder gespült und gewrungen, bis das Spülwasser klar blieb. Es war eine nasse Angelegenheit, bei der die Schürzen der Frauen trieften und ihnen die Haare klatschnass vom Dampf ins Gesicht hingen. Waschen war Schwerstarbeit, jeder Kutscher hatte es leichter. Zwar gab es eine kleine Wringmaschine, aber sie musste umständlich zu zweit bedient werden, und so benutzten die Frauen weiterhin lieber ihre Hände.

Im Winter ging es dann zum Aufhängen aus der überhitzten Waschküche in die Kälte hinaus, in der die Wäsche auf den Leinen im Handumdrehen steinhart gefroren war. Mutter bangte jedes Mal um ihre kostbaren Tischtücher mit den eingewebten Schlössern und Vögeln, deren empfindliches Gewebe beim Abnehmen brechen könnte. Einen anderen Trockenplatz als den Hof aber gab es nicht, und so hing die Wäsche dort, bis sie trocken war, was manchmal auch im Sommer lange dauerte. Denn Missgeschicke blieben nicht aus: Ein Gewitter zog auf, eine Leine riss, so dass ein Teil der Wäsche wieder gespült werden musste, die Klammern saßen nicht fest genug, und ein plötzlicher Sturm in der Nacht verteilte Handtücher, Kopfkissenbezüge und Unterwäsche auf die Sträucher im Garten und auf die

Leiterwagen. Im Herbst, wenn die Holunderbeeren reif waren, benutzten die Amseln die Wäscheleinen gern als Startplatz und hinterließen die Wäsche blau gesprenkelt. Oder Möpschen wälzte sich in der frischen Gartenerde und ließ sich dann zur Abkühlung die nassen Laken wohlig über den Rücken schlappen.

Im Sommer wurde die weiße Wäsche noch zusätzlich auf dem Rasen gebleicht, was bedeutete, dass sie alle Stunde aus großen Kannen frisch angefeuchtet werden musste. Und wenn der Mond schien, ließ man sie sogar über Nacht draußen, weil die Mondstrahlen die Wäsche angeblich besonders weiß machten.

Zur Kräftigung der erschöpften Frauen gab es am letzten Tag zum Mittagessen Eisbein mit Sauerkraut und Kartoffelbrei und zum Kaffee frischen Streuselkuchen. An den anderen Tagen hatte niemand die rechte Ruhe, und so löffelten die Waschfrauen mittags nur hastig etwas Zusammengekochtes, um schnell wieder an den brodelnden Waschkessel zu kommen, auf dem sich die Laken schon bedrohlich blähten.

Jetzt aber war auch Muße zu überlegen, was man noch im selben Aufwasch erledigen konnte, deshalb kamen wir Kinder auch gleich dran und wurden am Abend im Waschzuber abgeseift, eine Prozedur, die im Kinderzimmer stattfand. Das heiße Wasser schleppte das Mädchen aus der Küche hinauf, und um sie nicht zu überanstrengen, wurde die Wanne nur halb gefüllt. Von fröhlichem Herumplanschen konnte jedoch keine Rede sein. Der Holzfußboden hätte darunter leiden können, und schnell sollte es auch gehen. Und so stand an einem Weihnachten auf dem Wunschzettel meiner Schwester: »Einmal so lange baden, wie ich will.«

Die Haare wusch uns Mutter in der Küche. Sie nahm dazu Eigelb und spülte wie bei der Buntwäsche mit Essig. Anschließend setzte man uns mit tropfendem Kopf vor die offene Herdtür, unbekümmert darum, dass die Haare vielleicht Feuer fangen könnten. Doch der Herd erwies sich jedes Mal als einsichtig. Er gab zwar ordentlich Hitze ab, knisterte aber friedlich vor sich hin, ohne einmal der Versuchung nachzugeben, uns ein paar glühende Kohlenstückchen ins Haar zu spucken. Oft bot sich Vater an, uns nach dem Trocknen zu kämmen. Aber das lehnten wir jedes Mal dankend ab, denn er hatte wenig Geduld beim Auskämmen der von den Kletten, die wir uns gegenseitig auf den Kopf warfen, verfilzten Stellen und ziepte uns fürchterlich.

Das Legen und Einsprengen, Mangeln und Bügeln der Wäsche nahm eine weitere Woche in Anspruch, und Mamsell war sehr hinterher, dass Bett- und Tischwäsche ausreichend gestärkt waren, beim Zusammenlegen Kante auf Kante lag und vor allem die Tischtücher nicht zippelten. Beim Mangeln halfen wir gern, aber der Eifer war größer als unsere Fertigkeit, die Wäschestücke so zwischen die Rollen zu schieben, dass sie nicht zerknüllter als vorher wieder herauskamen. Außerdem schwebte Mutter in ständiger Angst, wir könnten mit unseren Fingern zwischen die Rollen geraten. Uns wurde aber gnädig erlaubt, das Rad zu drehen, was ziemlich schwer war und einen schnell aus der Puste brachte.

In den ersten Jahren im Forsthaus benutzten wir zum Plätten noch Bolzeneisen. Die Bolzen wurden im Herd zum Glühen gebracht und dann mit einem Haken in die Eisen geschoben. Später kamen Spirituseisen in Mode, die praktisch wie ein Spirituskocher funktionierten. Die Mädchen, nicht nur im Umgang mit dem Herd gedankenlos, pflegten Spiritus nachzufüllen, ohne vorher die Flamme auszudrehen, obwohl sie wissen mussten, dass es dabei eine Explosion geben konnte. Mutter hatte es ihnen oft genug gesagt und die Folgen in den schlimmsten Farben ausgemalt: verkohlte Haare und Augenbrauen, weggebrannte Wimpern, Brandnarben im Gesicht und an den Händen, die nie mehr weggehen würden, ja womöglich die ganze Küche und sie mit in Flammen. Sie hörten Mutter jedes Mal fasziniert zu und taten dann trotzdem dasselbe wie vorher.

Die fertige Wäsche häufte sich in Stapeln auf dem Lampentisch im Flur und wurde von Mutter in den riesigen Wäscheschrank einsortiert, wobei sie gern einzelne, besonders wertvolle Stücke betrachtete und in Erinnerungen schwelgte. »Seht mal, dieses Tischtuch stammt noch von einer Patentante von mir. Sie hatte sich so unsterblich in ihren Cousin verliebt, dass sie ihm die Rasierseife stahl und sich damit wusch. Und er hatte immer die armen Stubenmädchen im Verdacht. Und dieses hier mit der Freiherrenkrone, das müsste noch aus dem Nachlass von Onkel Philipp sein. Der hat sich's bequem gemacht, sich immer abwechselnd bei seinen Geschwistern auf ihren Schlössern durchgefuttert. Typisch Junggeselle!« Und zu meinem Vater gewandt, der gerade den Flur entlangkam: »Kuck mal, die Eisservietten, die sind bestimmt schon hundert Jahre alt.«

»Durchaus möglich«, sagte Vater ohne die erwartete Ehrfurcht. Zu seiner Garderobe gehörten noch mehrere Anzüge von seinem Vater, die so alt waren, dass sie an den Familientagen selbst bei den sparsamsten Mitgliedern doch einiges Erstaunen hervorriefen.

Diesmal war am letzten Waschtag nachmittags starker Nebel aufgekommen, und so begleitete mein Bruder, wie immer in einem solchen Fall, Agnes zum Anlegeplatz. Und während sie mit dem Kahn über den See glitt und vom Nebel verschluckt wurde, so dass nur noch das Plätschern des Ruders zu hören war, blieb er stehen und rief ab und zu »Huhu!« und »Hallo!«, um ihr mit seiner Stimme als Kompass den Weg zu weisen, damit sie nicht im Kreise ruderte und am falschen Ufer landete. Als sie von drüben »Ick bin da!« schrie, hatte die Dämmerung schon vom Luch Besitz ergriffen, und mein Bruder lief, begleitet vom Ruf der Himmelsziege, die über ihm kreiste, nach Hause, ein magerer Junge mit ständig rutschenden Kniestrümpfen, der den ganzen Tag am Basteln war oder im Kahn Stunden auf dem See zubrachte. Er war voller Vorfreude auf das Abendbrot, denn Mamsell hatte etwas von Hering mit Zwiebelscheiben, Äpfeln und Sahnesoße gesagt. Aber die Vorfreude war voreilig gewesen – es gab mal wieder Kartoffeln mit Stippe, was auch Vater enttäuschte. Aber selbstverständlich ließ er sich nichts anmerken, sondern sagte tapfer: »Auch ein sehr schönes Gericht.«

Brot und Flieder

Eins, zwei, drei, vier, fünf, sechs, sieben, eine alte Frau kocht Rüben, eine alte Frau kocht Speck, und du bist weg.

Weg war in diesem Fall Mamsell. Sie hatte die Grippe und musste ins Bett, was bei ihr so gut wie nie passierte. Aber jetzt im März hatte es sie so richtig erwischt. Da halfen auch Halsumschläge mit heißen Kartoffeln und Schweineschmalz auf der Brust nichts. Ihr röchelnder Husten ließ sogar Möpschen zusammenfahren und raubte uns den Schlaf. Aber einen Arzt lehnte sie kategorisch ab.

In der Küche ging nun alles drunter und drüber, denn herrschsüchtig, wie Mamsell war, machte sie alles allein und ließ höchst ungern jemand anders an den Herd, selbst Mutter nicht, wozu man allerdings gerechterweise sagen musste, dass Mutter sich nicht gerade danach drängte. Nach einer Woche hatten wir die »frugale Küche«, wie Vater es nannte, herzlich satt und sehnten uns nach etwas anderem als nach Bohnen mit Speck, Erbsen mit Speck, Kartoffeln mit Sauerkraut und gebratenem Speck, Kartoffeln mit Sülze, Kartoffeln mit Roter Bete und durchwachsenem Speck und den unvermeidlichen Béchamel-Kartoffeln. Aber etwas anderes bekam Agnes Heidepriem, die in die Küche beordert war, nicht zustande, und noch war kein Ende abzusehen. Dazu stellte sich der Herd besonders widerborstig an. Er qualmte ohne ersichtlichen Grund, dass einem die Augen tränten, ließ Holz und Kohle mehr ankokeln als brennen und nachts die sorgsam mit Asche zugedeckte Glut erkalten. Die Herdtür klemmte mehr denn je, und Agnes rutschte einer der Herdringe vom Feuerhaken, fiel auf den Boden und zerbrach. »Du sprachst schon davon« und »Apropos« waren in dieser etwas gereizten Atmosphäre die Lieblingsreden der Eltern.

»Apropos Herd«, sagte Mutter. »Lange mache ich das nicht mehr mit.«

»Du sprachst schon davon«, sagte Vater. Er hatte jetzt viel mit seinem Bruder auf dem Nachbargut zu tun, meist um die Mittagszeit, und schwärmte uns dann vor, wie superb die von meiner Tante zubereitete Schnepfe geschmeckt habe. »Mit Preiselbeeren, Kartoffelbrei und einer phantastischen Soße. Ich sage euch, es war ein Gedicht.«

Wir seufzten und leckten uns die Lippen.

»Und was habt ihr Schönes gegessen?«

»Béchamel-Kartoffeln.«

»Nun«, sagte Vater aufmunternd, »auch ein sehr schönes Gericht. Aber die Soße –«

»Du sprachst schon davon«, sagte Mutter. »Apropos Soße. Auf diesem Schrotthaufen von Herd lässt sich gar keine Schnepfe mehr vernünftig braten. Wir werden immer mehr auf etwas feinere Küche verzichten müssen. Aber dir macht das natürlich nichts. Dir genügt falscher Hase ja völlig.«

Das konnte Vater unmöglich auf sich sitzen lassen. Am nächsten Tag stattete er Mamsell einen Besuch an ihrem Krankenlager ab, was uns alle sehr erstaunte, denn er hatte tödliche Angst vor Ansteckung und pflegte sich bei jeder unserer winterlichen Grippen, obwohl er sie stets als »leichte Erkältungen« abtat, anzustellen, als hätten wir die Cholera. Dann holte er sich seine Flinte und verschwand. Nach Einbruch der Dunkelheit kam er stolz mit zwei Schnepfen wieder zurück. Mutter war außer sich. »Du glaubst doch wohl nicht im Ernst, dass ich dir die brate! Und Agnes kann so was nicht.«

»Lass mich nur machen«, sagte Vater. Er ließ die Schnepfen von Agnes rupfen, nahm sie aus und warf uns dann alle aus der Küche, Möpschen eingeschlossen, der sich nur ungern von den Vögeln trennte. Zu unserer Überraschung erschien Mamsell in mehrere Lagen Gestricktes und einen lila Morgenmantel aus Flanell eingemummelt und begab sich trotz Mutters Protesten – »Sie werden sich den Tod holen!« – in die Küche, um Vater zu assistieren. Allerdings wurde ihr bald schwindlig, und sie kroch wieder in ihr Bett. Trotzdem waren die Schnepfen ein voller Erfolg. Stille senkte sich auf das Haus herab, als wir uns über die Teller mit den Köstlichkeiten beugten, und jeder schmatzte trotz Mutters missbilligenden Blicken genießerisch vor sich hin.

»Schmeckt«, sagte Mutter. »Schmeckt wirklich.«

Und verkniff sich großmütig die Bemerkung, dass die Küche allerdings aussehe, als hätten betrunkene Landsknechte dort ein Spanferkel über offenem Feuer gebraten.

»Ich sag's ja«, sagte Vater, »der Herd ist völlig in Ordnung.«

»Wie man's nimmt«, sagte Mutter. »Der Schornsteinfeger war übrigens immer noch nicht da.«

»Du sprachst ...« Er warf Mutter einen Seitenblick zu und verbesserte sich hastig: »Du hast wirklich Recht. Auf den Kerl ist einfach kein Verlass.«

Vater hätte gern seine Kochkünste an einem Hecht versucht. Aber das wollte Mutter auf keinen Fall. Trotzdem zog zwei Tage später der verlockende Duft von Fisch in Weinsoße durchs Haus. Mamsell war von ihrem Krankenlager auferstanden und hatte die Zügel wieder in die Hand genommen.

Düfte, und nicht nur die von Mamsells Kochkunst kündenden, verbinden sich mit meiner Erinnerung an unser Haus, das mit den verschiedensten Gerüchen geradezu parfümiert war, die sich in Teppichen, Möbeln, Betten und Schränken eingenistet hatten und uns so vertraut waren, dass wir sie kaum noch wahrnahmen. In jedem Zimmer roch es anders. Im Wohnzimmer dominierten Bohnerwachs und Zigarrenrauch, im so genannten Salon, der so gut wie nie geheizt wurde, roch es nach abgestandener Luft und kalter Asche, bei meinem Bruder nach Anglerglück, einer grauenhaft riechenden Paste, die er auf den Fischköder strich, weil die Fische angeblich ganz verrückt danach waren, nach Teer und fauligem Aquariumwasser, und in dem kleinen Zimmer, das ich mit meiner Schwester teilte und das außer unseren Betten noch zwei Pulte und einen Schrank enthielt, roch es so durchdringend nach einer Mischung aus einem vom Lumpenmann erstandenen Parfüm, Niveacreme und Kreide, dass Vater jedes Mal, wenn er ins Zimmer kam, das Fenster aufriss – »Vor dem Gestank flüchten ja sogar die Ratten!«. Im Zimmer meiner Mutter duftete es nach Lavendelkissen, nach Riechsalz, nach Puder und dem Spiritus von Mutters Ondulierschere, in Vaters Zimmer nach Leder und Dralles Birkenwasser. Bei Mamsell roch es vor allem nach »Ich, Anna Csillag«-Pomade, durch deren wundersame Wirkung diese angeblich eine 185 Zentimeter lange Loreleimähne bekommen hatte, und das innerhalb eines Jahres. Mamsells stattlicher Dutt schien das auch zu bestätigen. Wir fragten uns allerdings jedes Mal, wo die Haarpracht geblieben war, wenn sie bei nächtlichen Krankheitsfällen mit zwei spillerigen Zöpfchen durchs Haus rannte. Bei den Mädchen duftete es nach Veilchenseife, und das ganze Haus roch nach nassen Hundehaaren, eingeölten Stiefeln, Petroleum, Kerzen, Mottenkugeln, Bratfett und was die Küche sonst noch zu bieten hatte, wobei der Blumenkohlgeruch sich am längsten hielt. Und unter all diese Düfte mengte sich der aus dem Pferdestall mitgebrachte Geruch.

In der warmen Jahreszeit, wenn die Fenster wieder den ganzen Tag offen standen, durchzog der Duft von Flieder, blühenden Linden oder Rotdorn das Haus.

Aber jetzt, vor Ostern, tat sich die klassische Konfirmationsblume, die Hyazinthe, besonders hervor. In Blumentöpfen überwintert, waren die Pflanzen nun wieder zum Leben erwacht und standen auf Fensterbrettern und Tischen. Ihr Duft drang bis in den letzten Winkel und überdeckte sogar für kurze Zeit das, was wir am liebsten rochen, woran wir uns nie überaßen: den Geruch von frisch gebackenem Brot.

Als Erstes wanderte der Backtrog in die Küche. Am Abend wurden Sauerteig, Mehl, Wasser und Salz gemischt und dann in dem Trog geknetet, geknetet, geknetet, bis zehn, zwölf wohlgeformte Brotlaibe in Reih und Glied dalagen, die sorgsam zugedeckt wurden, damit sie in Ruhe gehen konnten. Jeden, der in die Küche kam, zischte Mamsell an: »Tür zu, der Teig darf keinen Zug bekommen!« Der Herd wurde ordentlich auf Touren gebracht, während sich die Brote wohlig dehnten. Am nächsten Morgen sorgte Frau Trägenapp, unsere Nachbarin, dafür, dass der vom ganzen Dorf benutzte Backofen neben der Scheune die richtige Temperatur bekam, eine Kunst für sich, die sie am besten beherrschte. Dann wurden die Brote zum Ofen gebracht. Natürlich waren wir mit dabei und ließen unsere mit Brotteig gefüllten Puppenformen in den Ofen schieben. Hundertmal lieber als das übliche Nachmittagsbrot mit Pflaumenmus aßen wir an den nächsten beiden Tagen das frische Brot mit Speck oder Schmalz. Auch Gäste waren auf unser Brot ganz versessen und durften sich meistens einen Laib mitnehmen.

Sosehr wir das frisch gebackene Brot liebten, sowenig hielten wir von Brotgerichten. Denn trockenes Brot wanderte nicht etwa in den Schweineeimer, sondern es gab süßsaure Brotsuppe mit Rosinen, die wir hassten. Auch Vater war nicht gerade ein Liebhaber dieses Gerichts und ließ sich von Mutter immer nur eine halbe Kelle geben, denn, behauptete er, Brotsuppe sei ungeheuer sättigend.

Die Kräutertante

Jeder von uns hatte, abgesehen von seiner Lieblingstasse, seinem Lieblingsbesteck und seinem Lieblingsglas, einen Gegenstand, an dem er besonders hing, den er dauernd mit sich herumschleppte oder dem er einen besonderen Platz einräumte. Und jeder tat, als sei dieser Gegenstand das Kostbarste von der Welt und unersetzlich. Vater zum Beispiel stellte sich furchtbar mit seinem Beil an. Die Klinge war messerscharf geschliffen, der Griff lag angenehm in der Hand, und angeblich war ihm dieses wunderbare Gerät erst nach langem vergeblichen Herumsuchen in die Hände gefallen. Dabei wussten wir alle, dass er es in ziemlich verrottetem Zustand im Wald gefunden hatte. Sobald das Beil seinen Dienst verweigerte, weil der Ast, den Vater ihm zumutete, einfach zu dick war, beschuldigte er meinen Bruder, sich hinter seinem Rücken diese Kostbarkeit angeeignet und damit Steine bearbeitet zu haben. Nur als ihm eines Tages das edle Werkzeug ausrutschte und voll seinen rechten Fuß traf, so dass nur das dicke Leder seines Schnürstiefels das Schlimmste verhinderte, allerdings alle fünf Zehen angehackt waren, äußerte er keine Verdächtigungen. Mit blutdurchtränktem Schuh kam er nach Hause gehumpelt, wo wir schon mit der

Vesper auf ihn warteten. Ich musste ein Handtuch vor seinen Esszimmerstuhl unter den Tisch legen, und er stellte seinen nackten Fuß darauf, der das Handtuch im Nu verfärbte.

»Also wirklich«, sagte Mutter ziemlich bleich im Gesicht und eilte, um Verbandszeug zu holen. Die Pflaumenmusstulle in der Hand, starrte ich mit offenem Mund auf den blutigen Fuß, und Vater ermahnte mich, wie fast bei jeder Mahlzeit: »Kind, iss!«, während er seelenruhig nach Brot und Butter griff.

Das Lieblingswerkzeug meines Bruders, des großen Bastlers, war eine Flachzange. Er bezichtigte seinerseits sofort Vater, meist zu Recht, wenn sie nicht an ihrem Platz lag. Vater nämlich hielt sich selbst nie an die von ihm aufgestellten Regeln. So borgte er sich gern, ohne Mutter zu fragen, ihre wie einen Augapfel gehütete Stickschere, um Schnüre von der Stärke eines Seils damit durchzuschneiden, was ihm natürlich nicht gelang, der Schere aber sehr schadete, die zu Mutters Erstaunen plötzlich nicht einmal mehr einen Nähseidenfaden schnitt. Auch für meine Schwester war ihre Schere ein Heiligtum. Angeblich war sie die einzige im Haus, mit der man Papierpuppen und ihre Garderobe ausschneiden konnte. Gnade mir Gott, wenn sie mich mit ihr erwischte!

Ich selbst, das jüngste Kind, besaß natürlich nichts. Voller Erbarmen schenkte mir Mutter einen ausrangierten Schuhanzieher, mit dem ich allerdings nichts anfangen konnte. Ich bot ihn freizügig jedermann an, aber niemand wollte ihn haben. Möpschens Favorit war ein alter Kochlöffel mit einem abgebrochenen Stielrest. Er trug ihn stundenlang im Maul herum, was seine Lefzen so in die Breite zog, dass er wie ein behaarter überdimensionaler Frosch aussah. Wahrscheinlich war der Löffel von Bratensoße und anderen Köstlichkeiten durchtränkt und für ihn eine Art herrliche Lutschstange. Sonst ließ er sich gutmütig ziemlich alles aus dem Maul nehmen, gelegentlich sogar einen Knochen, aber versuchte man es mit diesem Löffel, sträubte sich sein Nackenhaar und er fing an, gefährlich zu knurren.

Mamsells Ein und Alles wiederum war ein Schälmesser. Für sie gab es so etwas Fabelhaftes nicht zum zweiten Mal in ihrer Küche. Dabei war die Klinge schon leicht verbogen, ganz dünn vom vielen Schleifen und saß ziemlich locker. Nie hätte sich jemand von uns an dieses Messer gewagt. Trotzdem verschwand es ab und zu auf geheime Weise, und Mamsell durchwühlte vergeblich sämtliche Schubladen. So auch in dieser Aprilwoche, in der Hausbesuch anstand. Während sie immer hektischer in den Schränken herumrumorte, kam mein für gespannte Atmosphären nicht eben empfänglicher Bruder auf die Idee, ihr eine Scherzfrage zu stellen: »Was heißt das: Osterbēn Onēglaubēn ist des Menschen Vērderbēn?«

Mamsell drehte sich um und sagte mit gefährlich ruhiger Stimme: »Raus! Ich zähle bis drei!«

Mein Bruder verschwand auf der Stelle, ohne die Auflösung seiner Scherzfrage losgeworden zu sein: »O sterben ohne Glauben ist des Menschen Verderben.«

Er beklagte sich bei Mutter über Mamsells Gereiztheit, und die wusste gleich, was die Stunde geschlagen hatte. Aber sie wusste auch, wie man Mamsell besänftigen konnte, nämlich durch eine gemeinsame Inspektion des Vorratskellers.

»Kommen Sie«, sagte Mutter, und Mamsell folgte ihr nur zu gern. Die Vorräte im Keller waren nämlich ihr ganzer Stolz, und es war für uns Kinder gefährlich, auch nur ein Glas Marmelade oder Kompott zu stibitzen, denn jedes Weckglas wurde gezählt und darüber Buch geführt.

Während sie mit Mutter an den Regalen entlangschritt, in denen die Weckgläser mit teils als Kompott, teils als Marmelade oder Gelee eingemachten Johannisbeeren, Erdbeeren, Himbeeren, Stachelbeeren, Birnen und Kirschen und die Tontöpfe mit Pflaumenmus, Sauerkraut, eingelegten Gurken und Eiern schnurgerade aufgereiht und mit Etiketten sauber beklebt wie in Hab-Acht-Stellung standen, besserte sich ihre Laune zusehends. Sie inspizierte die mit Erde abgedeckten Mohrrüben und Kohlköpfe und schob mit dem Fuß die Kartoffeln auseinander. »Fangen schon an zu keimen«, bemerkte sie, bückte sich so ganz nebenbei und hob etwas auf, das im Licht der Petroleumlampe blinkte. Es war das Messer. Mutter tat, als habe sie nichts gesehen, und Mamsell ergriff ein Glas Leberpastete, drückte es Mutter in die Hand und meinte: »Ab und zu sollten wir dem Herrn Grafen wirklich mal was Gutes gönnen.«

»Da wird er sich aber freuen!«, rief Mutter strahlend, als hätte man ihr gerade eine Büchse russischen Kaviars überreicht.

Der April war nicht gerade ein Monat, in dem sich unsere Gäste die Klinke in die Hand gaben. Zwar schwärmte, wer hin und wieder kam, vorher von dieser herrlichen Jahreszeit, in der man, frei von Ausflüglerrummel, das Wiedererwachen der Natur in wundervoller Ruhe genießen konnte, verabschiedete sich aber dann doch schneller wieder als erwartet, nicht ohne im Gästebuch Dankeshymnen zu hinterlassen: auf das selbst gebackene Brot, Mamsells exquisite Küche und auf die unermüdlichen Bemühungen der Eltern, den Gast zu amüsieren. Dabei unterschlug man großmütig, dass das Amüsement darin bestand, von Vater bei jedem Wetter, auch wenn es sich alles andere als freundlich zeigte, ein kräftiger Wind vom See her blies und es vom Himmel drippelte, durch den tropfnassen Wald geschleppt zu werden, um seine einmaligen Bäume zu besichtigen. Auch hielt Vater es in dieser Jahreszeit für geboten, die gedankenlose Verschwendung von Holz und Kohle ein wenig zu drosseln, und so wurden nur noch Wohnzimmer und Gästezimmer geheizt, während sich im restlichen Haus eine feuchte Kälte ausbreitete und der Gast bei den Mahlzeiten im Esszimmer vor sich hin bibberte. Vater meinte, wenn er zum Baden im See das Eis nicht mehr aufhacken musste, seien die Temperaturen schon fast sommerlich.

Der einzige Gast, der im April bis zum letzten Tag der angekündigten drei Wochen blieb und noch dazu, was Abhärtung und spartanische Lebensweise betraf, in Vaters Horn tutete, war Tante Herta. Trotzdem sprühte Vater nicht gerade vor Begeisterung, denn sie ging ihm mit ihrem Kräutertick ziemlich auf die Nerven. Aber er nahm doch mit Wohlwollen zur Kenntnis, dass sie der nächste Besuch sein würde.

»Ordentliche Person«, sagte er, »mit sehr vernünftigen Ansichten. Und mit allem zufrieden. Sie wird ja wie immer ganz mit ihren Kräutern beschäftigt sein.«

»Zu viel«, sagte Mutter. »Ich hoffe, sie verschont uns dieses Jahr mit ihrer genialen Frühjahrskur und verdirbt uns nicht jedes Essen mit Löffelkraut. Sogar an den Brotteig hat sie das Zeug getan.«

»Nun ja«, sagte Vater, »es schmeckte wirklich sehr eigenartig.«

»Scheußlich hast du damals gesagt«, erinnerte ihn Mutter.

Vater erlaubte Billi gnädig, die Tante von der Kleinbahn abzuholen.

»Mit den Füchsen?«, fragte mein Bruder begierig.

»Nein, mit der Liese«, sagte Vater. »Die muss viel öfter bewegt werden.«

Mein Bruder zog einen Flunsch. Nicht, weil er das alte Pferd gering schätzte, aber die Schnellste war sie nun wirklich nicht mehr und blieb oft stehen, sah sich ein bisschen in der Gegend um und stieß ein entsagungsvolles Prusten aus, ehe sie sich wieder in Gang setzte.

Wie meist, wenn wir zur Kleinbahn fuhren, goss es in Strömen, und ein völlig durchnässter, missgelaunter Junge kam mit einer recht aufgekratzten Tante zurück, die es unter ihrem aufgespannten Schirm sehr viel trockener gehabt hatte. Auf der Treppe vor dem Haus wurde sie nicht nur von uns, sondern auch von Möpschen empfangen, der mit seinem Kochlöffel in der Schnauze mehr denn je einem überdimensionalen Breitmaulfrosch glich und seine geliebte »Zuckerschnecke«, Tante Hertas Dackel, freudig begrüßte.

»Bisschen nass geworden, der Junge!«, rief die Tante vergnügt. »Aber Frühlingsregen ist gesund, da wächst man!«

Wir hatten, dem familiären Anlass entsprechend, nicht gerade unser Bestes an, aber gegen Tante Herta waren wir direkt großstädtisch gekleidet. Unter ihrem ziemlich abgewetzten, betagten Lodencape kam etwas Giftgrünes, sehr weitmaschig Gestricktes hervor und darunter ein Kleid, dessen unbestimmte Farbe und Form für seine Unverwüstlichkeit sprachen. An den Füßen trug sie Schnürstiefel, die in Breite und Länge den Siebenmeilenstiefeln in unseren Märchenbüchern glichen. Sie hatte uns in einer wundervollen Glasdose selbst gekochte Kräuterbonbons mitgebracht, aber nicht einmal den ersten lutschten wir zu Ende. Sogar die nicht allzu wählerischen Pferde spuckten die Bonbons wieder aus, und Tante Hertas Dackel schnappte wütend nach uns, als wir ihm einen davon unter die Nase hielten.

Tante Herta gehörte zu den angenehmen Gästen, die sich gut allein beschäftigen konnten, denn sie war dauernd unterwegs, immer auf der Suche nach geeigneten Kräutern gegen vielerlei Leiden, Veilchen zum Gurgeln bei Halsentzündung, Schluckbeschwerden und Mundfäulnis, Minze und Brennnesseln zum Trinken bei Keuchhusten, Bronchialkatarrh und Husten. Allerdings brachte sie unseren Tageslauf total durcheinander, weil Blüten nur morgens, bevor sie sich öffneten, geerntet werden durften, das hieß, immer zur Frühstückszeit, und die grünen Pflanzenteile über Mittag zwischen zwölf und drei, also immer dann, wenn es Mittagessen geben sollte oder Vater sein Nickerchen auf dem Sofa im Wohnzimmer machte. Auch wuselte sie dauernd in der Küche herum, um all den Veilchensud, Brennnesselsaft und Huflattichsirup zu kochen. Mamsell ließ sich das erstaunlich lange gefallen, wohl weil irgendeines dieser Kräuter, mit denen sie von Tante Herta beglückt worden war, tatsächlich verdauungsfördernd gewirkt hatte. Aber dann empfahl ihr die Tante, große Mengen von einem Gebräu aus Birkenblättern, Brennnesseln und Löwenzahn zu trinken, um ihren Winterspeck loszuwerden, denn Mamsell habe doch, das müsse sie ihr mal in aller Ehrlichkeit sagen, ganz schön zugelegt, was aber natürlich bei jemandem, der dauernd abschmecken müsse, sehr verständlich sei. Mamsell sprach dem Tee, wenn auch mit Todesverachtung, denn er schmeckte, wie er roch, reichlich zu und lobte seine »wasserziehende« Wirkung. Nach zwei Tagen aber bekam sie einen solchen Appetit, dass sie in einer Woche drei Pfund zunahm. Von Stund an war Tante Herta in der Küche kein gern gesehener Gast mehr, und Mamsell warf selbst das verdauungsfördernde Kraut in den Mülleimer.

Aber Tante Hertas Besuch neigte sich sowieso dem Ende zu, und sie rüstete sich zur Abreise, jede Menge getrocknete Veilchen und Gänseblümchen, Brennnesselsaft und Huflattichsirup im Gepäck. Vater brachte sie persönlich zur Bahn, natürlich mit den Füchsen. Mein Bruder erinnerte ihn daran, dass die Liese viel öfter bewegt werden müsse.

»Stimmt, mein Junge«, sagte Vater. »Du kannst mit ihr morgen zur Mühle fahren und Mehl holen.«

Die Osterüberraschung

Mochte auch die Verwandtschaft unserem Forsthaus im April wenig Reize abgewinnen, so war dieser Monat für uns doch von zwei großen Ereignissen geprägt: Konfirmation und Ostern. Aus unserem Dorf wurde in diesem Jahr nur Martel konfirmiert, die, während sie die Ziege molk, die Kaninchen fütterte und das Brennholz packte, fieberhaft die mühevoll auswendig gelernten zehn Gebote vor sich hin brabbelte. »Du sollst den Namen des Herrn, deines Gottes, nicht unnützlich führen; denn der Herr wird den nicht ungestraft lassen, der seinen Namen missbraucht.« Und gerade diesen Missbrauch trieben wir leider sehr häufig. »O Gott«, rief Mamsell, »die Milch kocht über!« – »Gott, bist du dämlich«, sagte mein Bruder zu mir. Und: »O Gott!«, rief Martel verzweifelt nach einer halben Stunde. »Das merke ich mir nie!« Aber der Pastor war ein strenger Hirte und drohte, jeden, der sich nicht genug angestrengt hatte, durch die Prüfung fallen zu lassen. Diese Schande war zwar noch niemandem widerfahren, aber, so sagten sich die Konfirmanden, es gibt immer ein erstes Mal.

Martel, mit dicken Zöpfen, einer Himmelfahrtsnase, lustigen Augen und einem Mundwerk ausgestattet, das selbst Mamsell die Sprache verschlug, kam verängstigt in unsere Küche geschlichen und bat um Tante Hertas speziellen Beruhigungstee, von dem sie so viel trank, dass sie auf dem Küchenstuhl fast einschlief. Aber natürlich ging alles gut, dem Gang zum Altar stand nichts mehr im Wege und auch nicht dem zum Fotografen. Im schwarzen Konfirmationskleid, das von nun an bis zur Hochzeit zu allen festlichen Gelegenheiten getragen wurde, und mit weit aufgerissenen Augen blickte Martel dem Besucher aus einem Zierrahmen in der großen Stube entgegen. In dieser Stube fand auch das Festmahl mit Streusel-, Zucker- und Napfkuchen, zweierlei Fleisch und Gemüse und reichlich Bier statt, zu dem auch wir Kinder geladen waren, während sich Mutter und Vater nach einem kurzen Gratulationsumtrunk verabschiedet hatten. Wir aßen wie die Scheunendrescher, als wenn wir zu Hause nur Brot und Wasser bekämen, und hatten mit unseren vollen Bäuchen eine unruhige Nacht.

Für die vierzehnjährige Martel war mit der Einsegnung die Kindheit vorbei. Sie ging in Stellung, und wenn sie sich herabließ, überhaupt noch mit uns zu sprechen, tat sie es im Ton einer gütigen, aber strengen alten Tante. Meine Schwester und ich beneideten sie insgeheim und malten uns aus, wie unnahbar und würdig wir sein würden, wenn wir endlich vierzehn waren.

Auch in der Verwandtschaft gab es etliche Konfirmanden. Ich hatte zwölf Vettern und elf Kusinen ersten Grades, und mindestens einer war immer soweit. Aber meist waren es die Eltern, die an den Konfirmationen teilnahmen, und nur manchmal durften wir mit. Doch im Grunde blieb ich lieber zu Hause, zumal wenn ich mit Mamsell und den Mädchen ganz allein war, denn dann war ich die Hauptperson. Vor den Besuchen bei den Verwandten aber graulte ich mich. Nach der Überschaubarkeit unseres Hauses empfand ich die Riesenschlösser als etwas Bedrohliches, und vor allen Dingen ängstigten mich die endlosen verwinkelten und düsteren Gänge. Wachte ich nachts in meinem viel zu großen Bett auf, wusste ich oft nicht, wo ich mich befand, und wenn ich dann aus dem Bett kroch, um nach dem Lichtschalter zu suchen, verlor ich die Orientierung völlig. Die Mahlzeiten im Speisesaal dauerten ewig, und der servierende Diener warf mir jedes Mal einen missbilligenden Blick zu, wenn mir die Serviette von den Knien rutschte. Neben meinem Teller lag meist noch ein silberner Schieber, was mich sehr kränkte, denn ich aß bereits mit Messer und Gabel und brauchte so einen Babykram nicht mehr. Da aber meine Mutter sehr viel später als ihre Geschwister geheiratet hatte, war ich überall die Jüngste und traute mich deshalb nicht zu protestieren. In späteren Jahren sollte sich meine Einstellung zu diesen Besuchen ändern, und ich genoss es, wenn der Kutscher, der mich von der Bahnstation abholte, mit der Bogenpeitsche salutierte. Ich fand alles wundervoll und mein Elternhaus eher schofelig. Das hätte ich allerdings niemals zugegeben, sondern ich hörte widerspruchslos zu, wenn man sich über die snobistischen Allüren mancher Familienmitglieder mokierte.

Wir »kleinen Wilden« galten als besonders gut erzogen. Selbstverständlich standen wir jedes Mal auf, wenn ein Erwachsener das Zimmer betrat, flitzten zur Tür, wenn jemand hinausgehen wollte, hielten Rauchern, die nach ihren Streichhölzern suchten, blitzschnell eine brennende Kerze unter die Nase, so dass sie erschrocken zurückfuhren, rührten kein Besteck an, bevor es die Hausfrau nicht tat, passten bei Tisch auf wie die Luchse, dass die Nachbarn rechts und links gut versorgt waren, und wenn uns jemand Süßigkeiten schenkte, boten wir sie sofort jedermann an, obwohl uns das Herz blutete. Und selbstverständlich hielten wir den Mund, wenn wir nicht gefragt wurden. Nur in der Küche, unserem bevorzugten Ort, fanden wir unsere Sprache wieder und mussten ab und zu ermahnt werden, auch hier mal die Klappe zu halten.

Natürlich sonnten wir uns in unserer Vortrefflichkeit, dabei war gute Erziehung damals eigentlich kein Thema. Dass Kinder sich nicht wichtig machten, setzte man einfach voraus. Sie standen in der Hierarchie sowieso an unterster Stelle und waren nicht als Individuen, sondern immer nur als ein Teil von den Erwachsenen interessant. »Kuck doch, der Gang, genau wie Agnes!« – »Diese Nuschelei – muss das Kind von seinem Vater haben.« – »Nun sieh dir Ottos Jungen an, zupft sich dauernd an der Nase. Seine Großmutter hatte denselben Tick.« Und: »Ein bisschen nah am Wasser gebaut, das Kind, genau wie Alice. Na, ist ja auch ihre Nichte.« Unter so vielen beobachtenden und kritischen Blicken fühlte sich Mutter plötzlich bemüßigt, dauernd an uns herumzunörgeln, was sie zu Hause nie tat. »Kippel nicht mit dem Stuhl, setz dich anständig hin, heb die Füße, latsch nicht so übern großen Onkel.«

Wie schön war es da doch mit Mamsell und den Mädchen allein zu Hause! Ich konnte gemütlich in der Küche essen und bekam meine Lieblingsgerichte. Und am Abend spielte Mamsell mit mir »Schwarzer Peter« oder »Fang den Hut«. Sie gruselte mich angenehm mit wahren und erfundenen Schauer- und Katastrophengeschichten, die sie in ihren vorangegangenen Stellungen erlebt hatte – von Kindern, die an Diphtherie starben, durch die Küche schießenden Kugelblitzen und von Geistern, die nachts durch die Gänge wimmerten.

Vater schien ähnlich wie ich zu denken. Er war froh, wenn er wieder in seinem eigenen Bett schlafen konnte, und schenkte jedem von uns einen Groschen für das Sparschwein. Das litt an chronischer Magersucht, und so konnten wir uns nur selten eine Flasche Malzbier oder Himbeerbrause von Frau Trägenapps kleinem Ausschank holen und mussten uns diese herrlichen Getränke auch noch zu dritt teilen. Taschengeld bekamen wir selbstverständlich nicht. Ab und zu drohte eine Diskussion darüber bei Tisch aufzuflammen, die aber von Vater im Keim erstickt wurde. Er konnte sich über unsere Forderung gar nicht genug wundern. »In euerm Alter? – Kind, iss! – Da müsst ihr erst noch ein bisschen wachsen.« Geld gab es nur, wenn wir etwas Nutzbringendes taten, ihm beim Pflanzen und Gießen halfen, für ihn Zigarren aus unserem Gasthaus »Perle des Westhavellandes« holten oder stundenlang hinter den Pferden, die den Göpel für die Dreschmaschine zogen, im Kreise trabten.

Wie in jeder Familie hatte auch bei uns alles sein festes Ritual, an dem nichts geändert werden durfte. Das galt natürlich auch für die Osterzeit. Selbst die Natur hielt sich daran und schickte das übliche Regen- und Schneegemisch vom Himmel, so dass uns wie immer die Frage bewegte: Ostereiersuchen drinnen oder draußen? Mutter war prinzipiell für drinnen. Sie hatte uns nicht österlich mit offenen Haaren, Samtkleidchen und beigen Spangenschuhen geschmückt, damit wir im Matsch herumpatschten und unter triefende Büsche krochen. Aber erst einmal musste Moos aus dem Wald geholt werden. Dann bauten wir, der Tradition entsprechend, im Bienenschauer, einem offenen Schuppen, in dem früher einmal Bienenkörbe gestanden hatten, mit großer Sorgfalt Nester für den Osterhasen. Natürlich glaubte keines von uns Kindern mehr an ihn, obwohl ich, das Baby der Familie, dauernd gefragt wurde: »Na, nicht doch ein bisschen?« Eine außerordentlich kränkende Frage, wie ich fand. Trotzdem konnte ich mir nicht erklären, wie die Eier in die Nester kamen, denn so früh ich auch aufstand und ins Esszimmer schlich, von wo aus man einen Blick auf den Bienenschauer hatte, es gelang mir nie, einen der Erwachsenen dabei zu ertappen, wie er sich an den Nestern zu schaffen machte.

Zum Osterritual gehörte auch, das leer gegessene

Frühstücksei umzudrehen und es mit der Frage: »Möchte jemand noch ein Ei?« den anderen anzubieten, der Hinweis, die Standuhr werde sicher gleich stehen bleiben, sie ticke schon so komisch, und Vaters Frage, wenn er nach seinem morgendlichen Bad im See händereibend am Frühstückstisch erschien: »Wisst ihr, wem ich eben begegnet bin?« – »Dem Osterhasen!«, riefen wir dann im Chor, und er konnte nicht genug darüber staunen, wie neunmalklug wir doch wieder mal waren.

Besagter Hase begann bereits in der Karwoche unsere Nester zu füllen, wobei das Wort »füllen« nicht ganz am Platz ist. Ein kleines Ei, allerhöchstens zwei, oft raffiniert im Moos versteckt, waren die Beute, vorausgesetzt, wir waren schneller als Möpschen, was noch mehr Spannung ins Spiel brachte. Auch das Huhn Mathilde sorgte hin und wieder für Überraschungen, indem es sein Ei in eines der Nester platzierte. Das wurde dann beim Färben mit den preußischen Farben Schwarz und Weiß besonders geehrt.

Das Färben und Bemalen der Eier war unser Privileg, was Mamsell nur ungern sah. »Ihr versaut mir bloß wieder die ganzen Küchenhandtücher!« Ein Teil der Eier wurde gefärbt und hinterher mit Speckschwarte abgerieben. Den Rest bemalten wir mit Tuschebildern, die allerdings nicht gerade von unserer strotzenden künstlerischen Begabung zeugten. Meinen akribisch der Natur nachempfundenen Osterhasen hielt Vater für eine Männchen machende Maus, und ein meiner Schwester, wie wir fanden, besonders gut gelungenes Konterfei von ihm lobte er als hübsche Kasperlefigur. Unter ein paar leere Eierschalenhälften klebten wir silbrig gefärbte Erbsen als Füße, füllten das Ganze mit Schneeglöckchen und stellten es als Blumenschmuck auf den Esstisch. Einige Eier durften von uns ausgepustet und an Forsythienzweigen aufgehängt werden. Doch die Kunst des Auspustens beherrschten wir sehr mangelhaft, und so gingen zu Mamsells Missbilligung mehr Eier kaputt, als schließlich an den Zweigen hingen.

Nach dem Vergnügen mit den Eiern harrten unserer aber auch Pflichten. Die Straße vor dem Haus musste geharkt und der Schuppen auf dem Hof, in dem wir gern unseren ganzen Krimskrams wie unbrauchbare Flitzbogen, kaputte Angeln, geschnitzte Stecken und zerbrochenes Spielzeug horteten, aufgeräumt werden.

Die wichtigste Dekoration für das ostersonntägliche Frühstück war ein etwa dreißig Zentimeter großer Osterhase aus Pappmaché, umringt von vier kleineren, ihm exakt nachgebildeten Hasen. Er hatte samt Gefolge seinen Stammplatz auf einem großen, mit grün gefärbter Holzwolle bedeckten silbernen Tablett und sah uns, durch zurückliegende trübe Erfahrungen gewarnt, ängstlich beim Frühstück zu. Denn irgendein Unfall ereilte ihn immer, mal brach eine Pfote ab, weil mein Bruder seinen Serviettenring darüber gehängt hatte, mal verlor er durch ein viel zu schweres Ei in seiner Kiepe das Gleichgewicht und kippte auf den Pflaumenmustopf, was ihn fast den Kopf kostete. Glücklicherweise hatte sich mein Bruder nach diesem Unfall als großer Bastler bewährt, Kopf und Rumpf mit Leukoplast wieder zusammengefügt und ein goldenes Band aus Mutters Weihnachtsschmuckvorräten darüber gewickelt, so dass der Osterhase noch festlicher wirkte als vorher. Er und seine Untertanen blieben uns treu bis zur Flucht, dann verschwanden sie aus unserem Leben.

Die Ostereier waren – »draußen oder drinnen?« – gefunden und größtenteils gegessen. Die gezuckerten, die mit ihrem gelben Dotter wie ein durchgeschnittenes Ei aussahen, mochten wir besonders. Nun lümmelten wir uns satt und träge im Wohnzimmer herum, bis auf meinen Bruder, den es schon wieder zum Wasser gezogen hatte. Nach einer Stunde kam er vom Havelländischen Hauptkanal zurück. »Wisst ihr, wem ich begegnet bin?«, fragte er, Vater imitierend.

»Dem Osterhasen«, antworteten wir gelangweilt.

»Falsch.« Er zog seine rechte Hand, die er hinter dem Rücken verborgen hatte, hervor und hielt uns triumphierend etwas unter die Nase. Wir wichen voller Abscheu zurück. Es war eine Wollhandkrabbe, und Vater rief entsetzt: »Junge, das ist ja vielleicht eine Osterüberraschung!« Die Wollhandkrabben nämlich waren für die Fische in der Havel ebenso schlimm wie die Rüsselkäfer für Vaters Wald.

Möpschens Leibspeise

Die Singvögel im Frühling sind aus meinem Kinderleben nicht wegzudenken. Wir beobachteten, wo und wie sie ihre Nester bauten, ihre Eier bebrüteten, sich abwechselnd auf Futtersuche begaben und mit etwas Zappelndem im Schnabel zu den piepsenden Jungen zurückkehrten. Wir kannten ihre Tricks, mit denen sie versuchten, alles Bedrohliche von ihnen fernzuhalten, verjagten die blöden Katzen, wann immer wir sie sahen, und schleppten heimatlos gewordene Vogeljunge in die Küche, wo Mamsell versuchte, sie so lange durchzufüttern, bis sie fliegen konnten, was aber nur selten gelang. Und so wie die Vögel sangen, trillerten und pfiffen wir im Frühling besonders viel und lautstark vor uns hin. Mein Bruder hatte sich einen äußerst kunstvollen Pfiff angeeignet und Möpschen dazu gebracht, ihm überallhin zu folgen. Dummerweise hatte eine Amsel seinen Pfiff in ihr Repertoire aufgenommen, so dass Möpschen alle Augenblicke, vor Eifer Mamsell und die Kröte fast über den Haufen rennend, aus der Küche stürzte und nach meinem Bruder suchte. Mamsell regte sich jedes Mal fürchterlich darüber auf und sprach von Tierquälerei und Ähnlichem, was die Amsel aber wenig beeindruckte. Glücklicherweise wurde der gelehrige Vogel von einem anderen Geräusch abgelenkt. Er imitierte nun das Quietschen des Scheunentors. Und Möpschen war erlöst.

Jeder im Haus hatte seine Lieblingsmelodie. Morgens sang Mutter gern: »Heinrich schlief bei seiner Neuvermählten, einer reichen Erbin von dem Rhein. Schlangenbisse, die den Falschen quälten, ließen ihn nicht länger schlafen ein.« Vater wiederum summte beim Rasieren: »Als ich noch Prinz war von Arkadien.« Mamsell bevorzugte die Rasenbank am Elterngrab, während die Mädchen sich mehr den Zigeunern widmeten, die ihnen das Herz gestohlen hatten. Meine Schwester schmetterte: »Gold und Silber hab ich gern, könnt ich wohl gebrauchen, hätt ich nur ein ganzes Meer, um hineinzutauchen.« Und ich fiel mit meinem Geplärre vom Männlein, das still und stumm im Walde steht, allen auf die Nerven.

»Still und stumm«, wiederholte Vater. »Ach, wär das schön!«

»Nun lass das Kind mal«, sagte Mutter. »Sie hat doch eine recht hübsche Stimme.«

»Wenn du meinst«, sagte Vater.

Auch Möpschen entwickelte eine erstaunliche Musikalität, wenn Mamsell butterte. Jeden Tag hatte er sie getreulich auf dem Gang zum Keller begleitet, wo die Zentrifuge stand, mit der Mamsell die Sahne von der Milch trennte, die sie dann in einem bauchigen, braun glasierten Topf sammelte. Interessiert sah er zu, wie Mamsell die Milch in den Apparat schüttete und mit viel Geschick die Kurbel drehte, eine Kunst, die nicht jeder beherrschte. Denn es kam dabei auf großes Gleichmaß an, sonst drehte sich die Zentrifuge im Leerlauf, und mehr Milch als Sahne floss in den Topf. Wenn sich etwa nach einer Woche genug Sahne angesammelt hatte, schleppte Mamsell das Butterfass in die Küche, stellte es auf einen Hocker, goss die Sahne hinein und begann mit dem Buttern. Das war der Augenblick, in dem Möpschen sich platt auf die Erde warf in Erwartung seines Lieblingsgetränks, der Buttermilch, und voller Vorfreude das Butterfass geradezu anschmachtete und, die Tonleiter rauf und runter, wimmernde Laute von sich gab. Während wir vorsichtig über ihn hinwegstiegen, sagten wir lobend: »Braves Hundchen«, so froh waren wir, dass er uns die verhasste Buttermilchsuppe ersparte, denn nur selten brachte Mamsell es übers Herz, ihm seine Leibspeise zu verweigern.

Wir beschränkten unser Musizieren jedoch nicht nur auf unsere Stimmen. Häufig griffen meine Schwester und ich auch zur Blockflöte, und Vater meinte: »Dann singt doch lieber.« Oder wir spielten wie mein Bruder auf der Mundharmonika, die wir alle Augenblicke ausklopfen mussten, weil sie so voller Spucke war. Auch eine winzige uralte Tischharfe besaßen wir und ein Kinderxylophon. Der Klöppel dazu war längst verloren gegangen und durch einen kleinen Quirl ersetzt worden, den wir in einen Puppenstrumpf gesteckt hatten. Das Glanzstück im Haus war natürlich der Flügel. Unsere Eltern hatten nichts dagegen, wenn wir auf diesem Instrument herumklimperten, was wir bei schlechtem Wetter gern taten. Da es mir nicht schwer fiel, jede Melodie, die mir durch den Kopf ging, zu spielen und die passende Begleitung dazu zu finden, schleppte meine Mutter ihr Wunderkind zu einer Klavierlehrerin. Die mühte sich redlich ab, mir das Notenlesen und die Grundregeln des Quintenzirkels beizubringen, aber ich starrte nur begriffsstutzig auf die Notenblätter, und Sprüche wie »Es geht hurtig durch Fleiß« und »Fritzchen aß Citroneneis« fand ich nur blöd und nicht hilfreich. Nach wenigen Unterrichtsstunden gab die Lehrerin meiner Mutter taktvoll zu verstehen, dass ich sicherlich hoch begabt, aber sie wahrscheinlich nicht die richtige Lehrerin sei. Ich war heilfroh darüber und konnte nun, meiner Phantasie folgend, weiterhin mit viel Pedal auf den schwarzen und weißen Tasten herumdreschen. Vater war ebenso erleichtert wie ich. Die armen Pferde bei Wind und Wetter in die Stadt zu hetzen war doch, Begabung hin, Begabung her, reichlich viel verlangt.

Auch er spielte gern auf dem Flügel. Obwohl er es nie gelernt hatte, beherrschte er das Instrument erstaunlich gut. Er spielte Geige und hatte auch im Kadettenkorps Geigenstunden bekommen, was ihm so manche angenehme, ruhige Stunde bescherte und ihn oft vor dem Drill rettete. Mutter dagegen hatte als junges Mädchen lange Klavierunterricht gehabt. Sie spielte alles vom Blatt, was wir uns wünschten, und ihr Talent beschränkte sich keineswegs auf den »Fröhlichen Landmann« und Czerny-Etüden.

Ein weiterer musikalischer Genuss war das Grammophon mit seinen vielen Platten, Marke »Die Stimme seines Herrn«. Leider vergaß Vater jedes Mal, aus Berlin neue Nadeln mitzubringen, so dass selbst Carusos Stimme ziemlich kratzig klang. Auch gingen wir reichlich sorglos mit den Platten um. Einige von ihnen ließen wir in der Sonne liegen, bis sie sich wellten, so dass die Nadel wie eine Heuschrecke über sie dahinhüpfte und bei den Sinfonien meist den langsamen Satz übersprang. Die Feder des mächtigen Apparates war schon sehr ausgeleiert, und wenn wir sie nicht rechtzeitig aufzogen, sank Richard Taubers schmelzender Tenor zum Bass herab und erstarb in einem Röcheln.

Neben unseren musikalischen Exzessen, neben unverwechselbaren Gerüchen und Düften, die mich durch meine Kindheit begleiteten, war es auch eine Vielzahl von Geräuschen, die es heute nicht mehr gibt oder die so rar geworden sind wie bestimmte Vogelarten: das Klappern der Dreschflegel in Trägenapps Scheune, das Dengeln der Sense, das tiefe Brummen unserer damals schon altmodischen Dreschmaschine, der Singsang der Kreissäge vom anderen Seeufer, das Quietschen des Pumpenschwengels, das Knarren eines schwer beladenen Ackerwagens, den die Pferde durch tiefen Sand zogen, der Peitschenknall – eine Kunst, die wir Kinder lange üben mussten –, das bedrohliche Zischen eines Ganters, der einen mit ausgebreiteten Flügeln über den ganzen Hof verfolgte, das rasende Gehämmer eines Spechts, der sich angewöhnt hatte, jeden Morgen einen wahren Trommelwirbel am Fenster im Esszimmer zu vollführen, weil er sein Ebenbild in der

Glasscheibe entdeckt hatte, das Plätschern der Fische, wenn sie sich vor einem Gewitter im See im Springen übten, das strullende Geräusch, mit dem die Milch beim Melken in den Eimer floss, und das asthmatische Schnaufen der Kleinbahn sowie ihre gellenden Pfiffe, wenn sie sich der Wellblechbaracke, die unsere Bahnstation war, näherte. Doch damals war das Höchste für mich, wenn ich hörte, wie Mamsell etwas auf einem Holzbrett zerhackte. In der Hoffnung, es seien Mandeln, die sie in den Kuchenteig und in die Milch für den Pudding streute, wetzte ich in die Küche, musste aber immer wieder enttäuscht feststellen, wie weit Wunsch und Wirklichkeit auseinander klafften. Denn meistens waren es Zwiebeln.

Auch das Haus hatte sein Eigenleben. Wenn ich nachts nicht schlafen konnte, lief ich barfuß auf den Flur und lauschte. Schränke knackten, Mäuse knabberten, die Gewichte der Standuhr rasselten, der Wind schlug einen Efeuzweig, der sich von der Wand gerissen hatte, gegen das Fenster, und es kam mir vor, als hörte ich das Haus atmen. Aber oft wurde alles überdeckt von Möpschens gewaltigem Schnarchen.

Zu diesen vertrauten Geräuschen gesellte sich eines Tages etwas Neues, noch nie Dagewesenes. Mein Bruder beglückte uns mit einem von ihm selbst gebastelten Detektorapparat. Mit großem Stolz führte er ihn uns vor. Mutter begeisterte sich sofort dafür. Von jetzt an würden wir, wenn auch nur indirekt, am kulturellen Leben der Reichshauptstadt teilhaben können. Wenigstens etwas, wo wir schon kein Telefon hatten.

Mein Bruder sprach von Schwingungen und Frequenzen, während wir uns um den Kopfhörer zankten, bis Vater ein Machtwort sprach und ihn sich selbst überstülpte. Mein Bruder kratzte mit einer Art Nadel in einer Halterung auf einem silbrigen, in einer Glasröhre untergebrachten Stein herum, damit, wie er sagte, Klang entstehen konnte. Doch sosehr meine Schwester und ich auch lauschten, außer einem fernen Rauschen war nichts zu vernehmen. Nur die Eltern schienen schärfere Ohren oder mehr Glück zu haben. Vater jedenfalls behauptete, er habe soeben kurz den Anfang des Schlagers »Was machst du mit dem Knie, lieber Hans« gehört, während Mutter ganz euphorisch rief, als sie ihm den Kopfhörer zurückreichte: »Hör mal, Beethovens Neunte! Freude schöner Götterfunken!«

Mir ließ natürlich dieses neue Wunderwerk keine Ruhe. Als alles im Bett war, schlich ich mich, nur vom Mondlicht begleitet, ins Wohnzimmer, denn aus Angst vor meiner Schwester wagte ich nicht, eine Kerze anzuzünden. Ich ging zu Vaters Schreibtisch, auf dem der Apparat stand, und stülpte mir die Kopfhörer noch einmal über. Den Blick auf das Porträt Friedrichs des Großen gerichtet, auf dessen Gesicht der Mond Kringel malte, lauschte ich dem fernen Gezirpe. Und dann geschah das Wunder: Eine Stimme löste sich aus dem Geräuschsalat und sprach ernst, fast drohend: »Vergessen Sie nicht, Ihre Antenne zu erden.« Im gleichen Moment spürte ich einen äußerst schmerzhaften Schlag auf meinem Oberarm. Vor mir stand mit funkelnden Augen mein Bruder und trieb mich mit gezielten Muskelstärken, wie er diese Schläge nannte, ins Kinderzimmer zurück.

Meine Schwester war inzwischen aufgewacht, hatte die Kerze auf dem Nachttisch angezündet und fragte: »Warst du schon wieder auf dem Klo?« Ich stellte mich vor ihr auf und wiederholte mit Stolz und großer Schadenfreude, was ich als Einzige gehört hatte: »Vergessen Sie nicht, Ihre Antenne zu erden.«

Aber die erhoffte Wirkung blieb aus. Meine Schwester zeigte sich uninteressiert. Sie zog die Nachttischschublade auf, nahm zwei von Mamsells köstlichen Baisers heraus, leicht gebräunt und ein bisschen klebrig, und verzehrte sie genüsslich. Sie gab mir nicht einen Krümel ab, sondern sagte nur: »Nun halte endlich die Klappe und mach das Licht aus.«

Fast platzte ich vor Wut darüber, dass Mamsell mir, dem kleinsten Kind im Haus, so etwas Köstliches nicht auch gegönnt hatte. Das Geräusch, mit dem meine Schwester die Baisers zermalmte, dröhnte förmlich in meinen Ohren, und weg war der Triumph, dass dieses magische Gerät mit mir als Einziger im Haus gesprochen hatte.

Die Hauswirtschaft geht vor

In diesem Jahr verabschiedete sich der April mit fast sommerlichen Temperaturen, und sofort brach im Haus wieder die Putzwut aus. Zunächst wurden sämtliche Kokosläufer aufgerollt und die Dielen darunter derartig mit Bohnerwachs bearbeitet, dass man höllisch aufpassen musste, nicht samt den Läufern ins Rutschen zu kommen. Dann fand man, dass die Petroleumlampen es mal wieder bitter nötig hatten, geputzt zu werden. Schirme und Zylinder ließen ja kaum noch Licht durch, und auch die Messingklinken waren stumpf und fleckig. Mamsells Vorschlag, die Wintersachen einzumotten, fand jedoch nur geteilte Zustimmung. »Denken Sie an die Eisheiligen!« Mamsell ließ diesen Einwand nicht gelten. »Motten sind schlimmer.« Man einigte sich auf einen Kompromiss, Fahrpelze ja, Fußsäcke nein. Sie blieben, wo sie waren. Vorsichtshalber warf ihnen Mamsell eine Hand voll Mottenkugeln in den Rachen, so dass wir nach jeder Fahrt stark nach Naphthalin rochen. Pelzgefütterte Westen, Wintermäntel und Handschuhe, Mutters Pelz und ihre beiden Muffs wurden auf die Veranda zum Auslüften geschleppt, und Vaters Uniformen, die sowieso eingemottet waren, gönnte man noch einmal ein bisschen

Sonne, ehe sie wieder in der Dunkelheit der Truhe verschwanden.

Wir wuselten dazwischen herum und spielten Verkleiden, wozu sich Vaters Dragoneruniformen besonders anboten. Mit von der Partie waren zwei entfernt mit uns verwandte gleichaltrige Kinder, ein Junge und ein Mädchen. Sie waren mit ihrer Mutter vor einer Stunde nur auf einen Sprung, wie meiner durch den unerwarteten Besuch etwas überraschten Mutter versichert wurde, herübergekommen. Aber es wurde ein ziemlich weiter Sprung, der sich bis in die Abendstunden erstreckte. Als Ältester nahm sich natürlich mein Bruder heraus, die militärischen Ränge zu bestimmen. Während er, der General, meiner Schwester immerhin noch den Rang eines Leutnants zubilligte, waren wir, der Rest, einfache Muschkoten und wurden von ihm mit einem zackigen »Guten Morgen, Leute!« begrüßt. Nach zehn Minuten allerdings hatte ich es herzlich satt, dauernd angebrüllt zu werden: »Stillgestanden, Augen rechts, linksrum, rechtsrum, rührt euch!« Ich desertierte und verzog mich zu Mamsell. Die hatte zwar keine Baisers für mich, aber Biskuitplätzchen, die sie aus einer Blechdose herausfischte, und während ich sie aß, prägte ich mir den Standort dieser Dose genau ein.

Mamsell ermunterte mich, doch ein bisschen beim Einmotten zu helfen. Es wäre zum Beispiel sehr nützlich, wenn jemand den schweren Deckel der Truhe auf dem Boden für die Mädchen aufhielte, sonst gehe es ihnen, wenn sie Zeitungspapier zwischen die einzelnen

Stücke legten, womöglich wie dem kleinen Jungen im Märchen vom Machandelboom, und der Deckel hackte einer von ihnen den Kopf ab. Ich erklärte mich einverstanden, aber bevor ich die Küche verließ, gab ich ihr ein Rätsel auf: »Es rüttelt sich, es schüttelt sich und macht ein Häuflein unter sich.«

Sie zuckte lachend die Achseln. »Weiß ich nicht, du Neunmalkluge.«

»Das Sieb!«, rief ich triumphierend und gab gleich noch eins zum Besten. »Was ist bei der Mahlzeit das Unentbehrlichste?«

Diesmal hatte ich Pech. »Der Mund«, sagte Mamsell. »Und den hältst du jetzt zur Abwechslung auch mal für 'ne Weile und verschwindest.«

Ehe ich es maulend tat, erkundigte ich mich hoffnungsvoll nach dem Mittagessen, das, wenn wir Gäste hatten, etwas Besonderes zu sein pflegte.

»Königinnenpastete mit Ragout fin.« Aber ehe ich mich freuen konnte, setzte Mamsell hinzu: »Selbstverständlich nur für die Erwachsenen. Ihr Kinder bekommt einen Nudelauflauf.«

Wie meist in diesem Haus wurde nichts so heiß gegessen wie gekocht. Wir bekamen unseren Teil dieser Köstlichkeit, wenn auch nur eine halbe Pastete.

Im Laufe des Vormittags hatte sich noch jemand eingefunden, mit dem wir nicht gerechnet hatten: unser Hauslehrer, der alte Scheel, ein pensionierter Schulmeister aus dem Nachbardorf. Zum täglichen Unterricht pflegte er wie Agnes über den See zu rudern. Von Strenge und Zucht hielt er nicht viel und lobte uns über den grünen Klee, auch mich, obwohl ich man gerade in der Lage war, neben wenigen anderen Buchstaben ein »i« – »Rauf, runter, rauf und ein Pünktchen drauf« – auf die Schiefertafel zu kritzeln. Der Biologieunterricht fand vorzugsweise in den Ställen oder der freien Natur statt, und so brachte er uns zu Vaters Freude auch manches Wissenswerte über Bäume bei, was lange und nicht immer nur dem Unterricht gewidmete Waldgänge erforderte. Auf Schönschrift legte er großen Wert, und während meine Geschwister das Gedicht von Lenau »Lieblich war die Maiennacht, Silberwölklein flogen, ob der holden Frühlingspracht freudig hingezogen« mehr abmalten als abschrieben, um es sich besser einzuprägen, und ich mich mit Aufgaben wie »Eins und eins ist zwei« abmühte, hielt er ein kleines Nickerchen.

In den letzten Tagen war der Unterricht ausgefallen. Er hatte, wie Agnes wichtig vermeldete, die Influenza. »Drei Tage war der Frosch sehr krank«, sagte Vater und nahm freudig den Ziegenkäse entgegen, den der alte Scheel wie meist, so auch heute, mitbrachte. Mutter erkundigte sich besorgt nach seiner Gesundheit, worauf er zu hüsteln begann, aber tapfer sagte, es gehe schon wieder, wenn auch das Rudern noch ziemlich schwer falle. Dann fragte er nach seinen Schülern. Als er hörte, dass wir den Mädchen beim Einmotten halfen, sagte er wie immer: »Die Hauswirtschaft geht vor« und verzog sich in die Küche, um sich von Mamsell ein wenig verwöhnen zu lassen. Von Geschlachtetem verstand er sehr viel, und Mamsell ließ ihn deshalb die Leberwurst probieren, was er sehr sorgsam tat und meinte, sie sei wirklich vorzüglich, allerdings vielleicht ein bisschen viel Thymian dran. Damit legte er den Finger auf die Wunde, und Mamsell begann sich über den Schlächter zu beschweren. Lehrer Scheel hörte sich Mamsells Klagen geduldig an und putzte eine Stulle nach der anderen weg, bis sie plötzlich aufsprang und rief: »O mein Gott, ich muss ja das Mittagessen vorbereiten!« Darauf zog er seine Taschenuhr und meinte: »Mit dem Unterricht wird es wohl heute nichts mehr, da will ich mich mal auf den Heimweg machen.« Während er sich umständlich die Jacke anzog, versicherte er mehrmals, er sei noch gar nicht so recht zuwege und die Fahrt stehe ihm doch sehr bevor, bis Mamsell endlich begriff und rief. »Was denn! Sie wollen nicht zum Mittagessen bleiben?«

»Überredet«, sagte der alte Scheel schnell. »Bis dahin werde ich noch einen kleinen Rundgang machen.«

Mutter hatte sich mit unserem Gast in den seit Ewigkeiten nicht geheizten Salon zurückgezogen, dessen Eiseskälte selbst durch die laue Sommerluft, die durch das geöffnete Fenster hereindrang, kaum gemildert werden konnte. Erst die von Mamsell zum zweiten Frühstück servierte Hühnersuppe mit Eierstich wärmte die fröstelnden Damen ein wenig auf. Während sie aßen, lobte meine Mutter den alten Scheel in den höchsten Tönen. »Ein hochanständiger Mann und so einfühlsam. Und dieses Pflichtbewusstsein. Bei Wind und Wetter, jeden Tag über den See. Und meistens den Wind von vorn.«

»Da hast du wirklich Recht, liebe Kusine«, sagte der Gast und griff herzhaft bei den Käsestangen zu. »Aber meinst du nicht, dass deine beiden Großen jetzt langsam mal mit einer Fremdsprache anfangen müssten?«

Mutter runzelte die Stirn. »Damit hat es schon noch Zeit.«

»Meinst du? Meine beiden sprechen schon recht hübsch Französisch. Ihr Lieblingsbuch ist jetzt *Les Malheurs de Sophie*. Die Lehrerin meint ja, diese Sprache fliege ihnen einfach nur so zu.«

»Fabelhaft«, sagte Mutter. »Wirklich begabt. Stottert deine Kleine noch manchmal? Beunruhigen muss dich das aber nicht. Das verwächst sich wieder.«

»Diese Käsestangen«, sagte der Gast nach kurzem Schweigen, »also einfach superb. Beneidenswert. Deine Mamsell ist eben eine Perle.«

»Aber deine kann es durchaus mit ihr aufnehmen«, wehrte Mutter höflich ab. »Wo hast du sie nur her?«

Vater betrat den Salon. »Na, unterhalten sich die Damen gut?«

Die Augen der Frauen waren auf seine Stiefel gerichtet, von denen, als er sich setzte, ganze Lehmbrocken herunterfielen. Ihre Blicke kreuzten sich schwesterlich: »Männer.«

Die »Giess Wasser in die Suppe«-Suppe

Diese Suppe lässt sich einfach verlängern, wenn es für mehr Hungrige reichen soll. Damit sie nicht zu wässrig wird, tut es aber auch ein Mehr an Sahne.

Zutaten für 4 Personen:

500 g vorwiegend mehlig kochende Kartoffeln
1 kleine Sellerieknolle
1 kleiner Porree
1 Möhre
1 Zwiebel
50 g gewürfelter Magerspeck
1 EL Butter
1 l Fleisch- und Knochenbrühe
1 Lorbeerblatt
6 Pfefferkörner
3 Pimentkörner
0,1 l süße Sahne
1 TL Mehl
Salz, Pfeffer
Weinessig
gehackte Petersilie

Die Kartoffeln und das Gemüse waschen. Kartoffeln und Sellerie schälen, in Scheiben schneiden. Porree von Wurzeln und Grün befreien, den weißen Schaft in Ringe schneiden. Die Möhre schälen und würfeln. Die Zwiebel schälen und fein würfeln. Den Speck in der Butter zerlassen. Zwiebel und Lauch anbraten. Dann das übrige Gemüse zugeben und unter Rühren leicht dünsten. Mit der Brühe angießen, die Gewürze zugeben und alles etwa 30 Minuten weich kochen. Durch ein feines Sieb streichen (oder Gewürze herausfischen, Suppe mit dem Pürierstab kurz pürieren – aber Vorsicht, die Suppe kann bei zu langem Pürieren kleistrig werden). Die Sahne mit dem Mehl verquirlen und unter Rühren in die Suppe geben, nochmals 5 Minuten leicht kochen lassen. Mit Salz, Pfeffer und etwas Essig abschmecken, mit Petersilie garnieren.

Noch besser schmeckt die Suppe mit Speckwürfeln, die mit Zwiebelwürfeln geröstet werden. Oder mit in Butter gerösteten Weißbrotwürfeln. Oder einfach mit Fleischresten, in Würfel geschnitten.

Die Maibutter

Der Mai ist gekommen, die Pferde schlagen aus«, sangen wir, wenn wir sahen, wie es sogar unser altes Milchpferd Liese gepackt hatte. Sie trottete, den Wagen hinter sich herziehend, keineswegs mehr schwerfällig durch den tiefen Sand, sondern tänzelte bereits beim Anspannen wiehernd herum und benahm sich wie ein verspieltes Füllen. Wollte mein Bruder sie mit einer zusätzlichen Portion Hafer beglücken, keilte sie blitzschnell aus, ohne ihn vorher, wie es sich für ein anständiges Pferd gehört, durch angelegte Ohren zu warnen. Sie schlug ihm die Schwinge aus der Hand, und der Hafer prasselte ins Stroh. Eine Stunde später jagte sie mit kämpferischem Wiehern die erschreckten Kühe auf der Koppel auseinander. Dabei kam eine von ihnen so in Fahrt, dass sie mir nichts, dir nichts über den recht hohen Zaun segelte und die ganze Herde hinterdrein. Wir beobachteten es verblüfft, und Vater sagte anerkennend: »Könnte man direkt aufs Turnier schicken.«

Auch das sonst eher phlegmatische Möpschen zeigte plötzlich viel Unternehmungslust und begann, sich herumzutreiben. Einem von unserer Postfrau verbreiteten Gerücht zufolge war er angeblich in Dörfern gesehen worden, die selbst wir Kinder noch nie zu Gesicht bekommen hatten.

Mamsell sang jetzt nicht mehr das Lied von der Rasenbank am Elterngrab, sondern gemeinsam mit den Mädchen: »Geh aus, mein Herz, und suche Freud.« Was diese allerdings an ihren freien Abenden zu Mutters Sorge – »Man hat ja schließlich die Verantwortung den Eltern gegenüber!« – etwas zu wörtlich nahmen und so erst weit nach Mitternacht wieder zurückkamen. Mutter spielte häufiger als sonst mit viel Pedal die Löwe-Ballade vom Nöck: »Komm wieder, Nöck, du singst so schön, wer singt, kann in den Himmel gehn. Du wirst mit deinem Klingen zum Paradiese dringen.« Sie versuchte, Vater zu überreden, doch einmal mit ihr nach Berlin zu fahren: »Endlich mal raus aus diesem Kaff.«

Vater tat mal wieder, als hätte sie von ihm verlangt, eine Expedition zum Nordpol zu starten. »Bei dem schönen Wetter in die Stadt?« Aber schließlich gab er nach. »Wenn du durchaus willst. Aber nur für einen Tag.«

Mehr als zu jeder anderen Jahreszeit genoss er jetzt seinen Wald, der langsam anfing, sich nach den grauen Wintermonaten wieder in seiner ganzen Pracht zu zeigen: Rot- und Weißbuchen, Rüstern, Eichen, Blautannen, Douglasien, Fichten und Kiefern. Es gab das übliche Gezerre um Agnes, die Mutter unbedingt für den Garten haben wollte, Vater aber für den Wald brauchte. Mutter interessierte sich für all das Grünzeug, wie sie es nannte, nur sehr am Rande. Aber ein

Garten war natürlich unentbehrlich. Woher sollte man sonst Gemüse und Obst nehmen? Es in der Gärtnerei zu kaufen wäre niemandem in den Sinn gekommen, mit ciner Ausnahme, dem Spargel. Und Mamsell saß Mutter im Nacken, dass zum Einwecken genug da war. Kräuter und natürlich Salat hatten nun ebenfalls zur täglichen Verfügung zu stehen, und in den Sommermonaten war ja frisches Obst wohl eine Selbstverständlichkeit. Doch all das musste gesät, gepflanzt, gehackt und begossen und zum Schluss geerntet werden. Eine Menge Arbeit also, was Vater natürlich genau wusste. Doch wenn Mutter davon anfing, hörte er nie so recht hin. Anders bei Mamsell, und so schickte Mutter sie ins Gefecht. Plötzlich war Agnes' Hilfe im Garten selbstverständlich. Für diese Einsicht versprach ihm Mamsell Kartoffelpuffer zum Mittagessen, die er besonders gern aß, genau wie ich.

Ich durfte beim Reiben helfen, was ich zunächst mit Feuereifer tat, aber schnell wieder aufgeben wollte. Doch Mamsell hatte ihren erzieherischen Tag und meinte, es sei an der Zeit für mich zu lernen, dass man nicht alles und jedes anfangen will und es dann nicht zu Ende bringt. Unnachgiebig hielt sie mich in der Küche fest, bis die letzte geschälte Kartoffel gerieben war. Zur Belohnung durfte ich ein paar Puffer in der winzigen Pfanne aus meiner Puppenstube selbst backen, begleitet von Mamsells warnenden Rufen: »Vorsicht, verbrenn dich nicht!«

Auf einem Puppenteller trug ich die mit Zucker bestreuten und mit reichlich Apfelmus versehenen Puffer nach oben, hatte aber das Kinderzimmer noch nicht erreicht, da waren sie bereits im Magen meines lässig vorbeischlendernden Bruders verschwunden. Ich fragte mich zum wiederholten Mal, warum man eigentlich unbedingt Geschwister haben musste und Einzelkinder so bedauert wurden, und lief heulend zu Mamsell, während mein Bruder sang: »Petze, Petze ging in 'n Laden, wollt für 'n Sechser Käse haben, für 'n Sechser Käse gibt es nich, Petze, Petze ärgert sich.«

Mamsell hörte sich mitfühlend, wenn auch etwas zerstreut, mein Klagelied an, schob meine Zopfspange hoch und sagte tröstend: »Ich hab was viel Schöneres für dich. Dreh dich mal um.«

Ich ahnte, was sie mir spendieren wollte, ihre herrlichen Biskuitküchel, und mir wurde bänglich zu Mute, denn die hatte ich mir längst heimlich so nach und nach aus der Blechdose geholt. Höchstens ein paar Krümelchen waren davon noch übrig. Doch ich hatte Glück, es war etwas anderes, ebenso Köstliches: Quittenbrot, sonst nur den Gästen vorbehalten, das gleichzeitig zuckrig und säuerlich auf der Zunge lag. Meine Erleichterung war so groß, dass ich Mamsell stürmisch um den Hals fiel, was sie teils rührte, teils befremdete.

»Nu mal sachte, Kind, was bist du exaltiert.« Sie fasste nach meiner Stirn. »Brütest du womöglich was aus? Hast du Fieber?«

Jetzt, wo die Kühe auf der Koppel waren, gab es zum Frühstück mit reichlich Zucker bestreute Dickmilch. Ein noch größerer Genuss aber war die Maibutter, die wir uns am liebsten fingerdick aufs Brot gestrichen hätten. Und es wunderte uns nicht, dass Möpschen auf diese Buttermilch besonders scharf war. Auch die Ausflügler, die sich mehr und mehr blicken ließen und zu Vaters Ärger »Märkische Heide, märkischer Sand« singend durch den Wald zogen, lobten Frau Trägenapps Butter über den grünen Klee, wenn sie unter ihrer blühenden Kastanie Rast machten. In manchen Lokalen, sagten sie – man wolle ja keine Namen nennen –, entspreche der Name leider nur zur Hälfte der Wahrheit, die andere Hälfte sei ordinäre eingesalzene Butter. Frau Trägenapp sei da eine große Ausnahme.

»Wat dat all jivt«, staunte Frau Trägenapp und kippte ihnen geschickt die gewünschten frischen Rühreier, die auch nicht gerade von gestern waren, direkt aus der Pfanne auf den Teller. Schließlich mussten die für den Winter eingelegten auch mal aufgebraucht werden. Sie wünschte den Herrschaften guten Appetit und fragte: »Vielleicht noch 'n Bier gefällig oder 'ne Brause?«

Die Herrschaften nickten gnädig: »Wenn's unbedingt sein muss«, horchten plötzlich auf und fragten: »Was summt denn da so komisch?«

»Ach, man bloß 'ne Hummel«, sagte Frau Trägenapp und machte eine scheuchende Bewegung, »davon gibt's dies Jahr besonders ville.« Sie fügte beruhigend hinzu. »Keene Bange nich, die stechen nich.«

Damit hatte sie Recht, nur handelte es sich nicht um eine Hummel, sondern um eine Hornisse auf dem Weg zu einem großen Astloch in der Kastanie. Wahrscheinlich wollte sie auskundschaften, ob das Hornissennest vom vorigen Jahr wieder bezogen werden konnte.

Die Nächte waren voller Leben. Fledermäuse strichen durch die Luft, und es war fast ein Wunder, dass sie nie mit der Himmelsziege zusammenstießen, die über dem Hof ihre Kreise zog. Vom See her konnte man den dumpfen Ton der Rohrdommel hören, Frösche quakten, und sogar der Uhu meldete sich. Aber am meisten spielte sich die Nachtigall in den Vordergrund. Die ersten Tage lauschten wir ihr voll Entzücken, aber wie alles Schöne wurde ihr Gesang erst zur Gewohnheit und schließlich sogar störend. Jedenfalls für Vater. Eines Nachts wachte ich davon auf, dass er die Treppe hinunterging, die Haustür aufriss und mit dem Luftgewehr meines Bruders mehrere Schüsse abgab. Die Nachtigall schwieg tatsächlich erschrocken, und ich hörte Vater murmeln: »Na also.«

Er war noch nicht wieder im Schlafzimmer, da schluchzte und schmetterte sie erneut los und, wie es mir vorkam, lauter als zuvor.

Der duhne Maikäfer

Vater fand, der viel gepriesene Mai habe auch seine Schattenseiten. »Das stimmt«, sagte Mutter. »Die Eisheiligen haben es oft in sich. Ich denke da nur an die Apfelblüte voriges Jahr. Alles erfroren. In der ganzen Gegend waren kaum Äpfel zu kriegen.«

Vater schüttelte ernst den Kopf. »Das meine ich nicht. Das sind Naturgesetze. Ich meine, viel zu viele Vergnügungen.«

»Vergnügungen?« Mutters Stimme hob sich. »Was verstehst du unter Vergnügungen? Wohl doch kaum die so genannte Herrenpartie. Dieses Männerbesäufnis am Gründonnerstag.«

Vater machte sein Teils-teils-Gesicht. Teils war natürlich jede Art von Besäufnis verwerflich, teils gab es doch ganz nette Erinnerungen an diesen Tag. Als junger Leutnant war man im Sommeranzug, die Kreissäge flott in die Stirn gedrückt, den Spazierstock schwingend, mit seinen Kameraden im Kremser durch die Gegend kutschiert, was zu so manchem Erfreulichen führte, zum Beispiel der Biergartenkellnerin mit dem leichten Silberblick.

»Was kuckst du so versonnen?«, fragte Mutter argwöhnisch.

»Ich? Wieso? Mir fiel nur gerade ein Spruch aus meiner Leutnantszeit ein: ›Doch der Jüngling sprach beherzt, ei, wie nett ward das gescherzt.‹ Ich meine, so eine Herrenpartie kann schon ganz lustig sein.«

»Du musst es ja wissen«, sagte Mutter spitz.

»Hast du mich je betrunken gesehen?«, fragte Vater gekränkt. »Beschwipst vielleicht.«

»Ich weiß nur«, sagte Mutter, »dass wir im Luch eine Stunde immer im Kreis gefahren sind und das bei zehn Grad unter Null, weil du, wie du es nennst, einen Schwips hattest.«

Vater grinste ein bisschen verlegen. Glücklicherweise war er eingeschlafen, und Mutter hatte ihm die Zügel aus der Hand nehmen können, zur Erleichterung der vor Kälte prustenden Pferde, die sehr schnell allein nach Haus fanden.

»Intelligente Tiere«, sagte Vater. »Von mir extra danach ausgesucht. Ich weiß schon, was ich kaufe.« Und um von dieser kleinen Peinlichkeit abzulenken, erzählte er wieder einmal die Geschichte von dem »Individuum« im Bienenschauer, die wir fast auswendig konnten. Vor ein paar Jahren nämlich hatte man dort am Freitagmorgen nach Himmelfahrt einen offensichtlich seinen Vollrausch ausschlafenden Mann gefunden mit dem friedlich schnarchenden Möpschen im Arm. Nun war uns ja bekannt, dass Möpschens zweites Lieblingsgetränk nach der Buttermilch leider, leider der Alkohol war, vor allem Bier, das er gern vom Teller leckte, der im Keller die Tropfen des Siphons auffing. Die Fahne der Bierleiche musste ihm also wohl sehr sympathisch gewesen sein, was zu dieser ungewöhnlichen Zutraulichkeit geführt hatte. »Der Mann war natürlich nicht von hier«, fügte Vater hinzu.

Ehe Mutter, die schon die Augenbrauen hochzog, etwas sagen konnte, kam Vater wieder auf die Vergnügungen zurück. Abgesehen von Pfingsten, dem lieblichen Fest, für das seiner Meinung nach Unmengen an Schokolade in Form von Maikäfern gekauft wurden, und das so schnell nach Ostern, und abgesehen von der erwähnten Herrenpartie gebe es da noch das Schützenfest, und Zirkus Sarassani sollte überflüssigerweise auch gastieren. »In Ferchesar sind sie gerade dabei, vor der ›Perle des Westhavellandes‹ ein Karussell aufzubauen, und Frau Trägenapp hat Bockbier bestellt. Wohin soll das alles führen?«

»Bockbier?«, fragte Mutter interessiert. »Ein paar Flaschen könnten wir gut gebrauchen, wo wir heute Abend Gäste haben.«

Vater fuhr ordentlich zusammen. »Gäste? Schon wieder? Warum sagt mir das kein Mensch?«

»Der Mensch, der neben dir sitzt, spricht seit einer Woche davon«, sagte Mutter.

»Tatsächlich?« Vater kuckte erstaunt. »Und was hat uns Mamsell zugedacht?«

»Spargel natürlich. Und dazu eine leichte Bowle, vielleicht Waldmeister.« Und zu uns Kindern gewandt: »Den könnt ihr nachher pflücken. Frau Trägenapp sagt, dieses Jahr gibt es eine Menge davon.«

»Aber man muss schon wissen, wo er steht«, sagte Vater, und so zog er mit uns in den Wald. Möpschen lief eifrig schnüffelnd voran, als wüsste er, was wir suchten, und war bald unseren Blicken entschwunden.

»Da lang«, sagte Vater, und wirklich, wir standen plötzlich vor einem kleinen Teppich dieses würzigen Krautes, auf dem sich Möpschen hingebungsvoll räkelte.

»Waldmeister-Bowle mit Möpschenaroma, eine völlig neue Geschmacksvariante«, sagte Vater. »Aber wir werden schon noch woanders welchen finden.«

Das taten wir auch. Dann setzten wir uns auf einem Baumstamm und ließen uns von der Sonne bescheinen. Wir zerrieben den Waldmeister zwischen unseren Fingern und genossen seinen Duft. Vater zauberte plötzlich Himbeerbonbons in einer braunen Tüte aus seiner Hosentasche. »Jeder einen«, sagte er warnend, als wir danach griffen. Auch Möpschen bedachte er, obwohl er es nicht verdient hatte.

Dann fragte Vater plötzlich: »Habt ihr gehört?«

Wir nickten. Der Kuckuck meldete sich zum ersten Mal in diesem Jahr. Wer jetzt Geld in seiner Tasche hatte, und sei es nur ein einziger Pfennig, würde das ganze Jahr hindurch gut damit versorgt sein. Fieberhaft durchkramten wir unsere Taschen. Aber außer Bleistiftstümpfen, Sicherheitsnadeln, Patronenhülsen, Taschenmessern, Marmeln, einem sandigen, halb abgelutschten Malzbonbon, Schnurresten, Zopfspangen, Haarklemmen und abgebrannten Streichhölzern in einer Schachtel war bei keinem etwas zu finden. Die Folgen zeigten sich auf der Stelle. Als wir nach einem weiteren Himbeerbonbon verlangten, schüttelte Vater nur den Kopf. »Wir müssen sparen, meine Herrschaften. Das seht ihr ja.«

Wir lieferten den Waldmeister in der Küche ab, wo Mutter und Mamsell sich gerade über den Spargel beugten und darüber diskutierten, wie man ihn zubereiten sollte. Statt des vorgesehenen Stangenspargels doch besser mit Holländischer Soße oder in Form von Spargelpudding, den alle Gäste liebten? Eine schwierige Entscheidung, bei der wir Kinder mal wieder sehr störten. So verzogen wir uns schnell, und ich ging in den kleinen Park und machte mich auf die Suche nach Maikäfern. Bis jetzt hatte ich im Gegensatz zum vorigen Jahr noch nicht einen einzigen finden können. Da hatte es geradezu von ihnen gewimmelt, so dass selbst die Hühner, die sie sonst aufpickten, an dieser Art Futter keinen Gefallen mehr fanden. Sie brummten durchs Haus, fielen in brennende Petroleumlampen, wo sie unter fürchterlichem Gestank verkohlten, und krabbelten auf den Kokosläufern herum. Am See unter einer der Eichen fand ich endlich einen Müller, ein stattliches Exemplar, das ich im Kinderzimmer in eine mit frischem Laub gepolsterte und mit Löchern versehene Zigarrenkiste sperrte. Meine liebenswürdige Schwester, die schon ihr Sonntagskleid trug, nannte mich eine olle Transuse, weil ich noch nicht umgezogen war.

Ich wurde trotzdem rechtzeitig fertig, die Gäste kamen pünktlich, und der Stangenspargel, zu dem sich Mamsell und Mutter schließlich doch entschlossen hatten, wurde sehr gelobt. Doch meinem Bruder stand trotz Vaters abschreckender Geschichte von dem Saufkopf im Bienenschauer der Sinn nach anderem. Während die Gäste im Salon ihren Mokka nahmen, einen Cognac tranken und die Männer ihre Zigarre rauchten, kehrte er ins Esszimmer zurück, bevor die Mädchen zum Abräumen kamen, trank erst alle Reste aus den Weingläsern und schenkte sich dann aus der Bowlenkanne von dem inzwischen vom Waldmeister reichlich durchzogenen Getränk nach. Ich stöberte ihn im Kinderzimmer auf, wo er leicht schwankend vor dem Waschtisch stand und sich meinen Müller betrachtete, der in einer kleinen, stark nach Alkohol riechenden Pfütze auf dem Rücken lag und mit den Beinen zappelte.

»Kiek mal«, sagte mein Bruder mit schwerer Zunge. »Völlig duhn, dein Müller. Na, hat er auch ’nen kleinen Spaß gehabt.« Er packte ihn, ging zum Fenster und warf ihn hinaus.

Leider hatte das Schicksal sich gegen meinen Maikäfer entschieden. Ehe er davonfliegen konnte, pickte ihn ein Huhn auf. Doch bevor ich den altbekannten Satz »Das sage ich Vater!« von mir geben konnte, zog mein Bruder blitzschnell etwas unter meinem Bett hervor, Zitronenkrem in einem der Kelchgläser, die von niemandem abgewaschen werden durften außer von Mamsell. Ich aß sie schneller auf, als jeder Maikäfer fliegt.

»Na siehste«, sagte mein Bruder befriedigt. »Bring es schnell ins Esszimmer zurück. Aber lass dich nicht erwischen.«

Erwischen ließ ich mich nicht, aber ich stolperte, und statt der zwölf Wappengläser gab es nur noch elf.

Die Delikatesse

Die Hühner produzierten nun nicht mehr allein für unseren Genuss, für Spiegel- und Rührei, Eierkuchen und Eier in Senfsoße, Omeletts und Soufflees. Jetzt stand ihnen der Sinn nach Nachwuchs. Gluckend liefen sie über den Hof und kündigten damit an, dass sie ein stilles Plätzchen für ihre Eier suchten, um sie zu bebrüten. Mamsell, die allein über Nest oder Bratpfanne bestimmte, suchte sorgfältig die zum Brüten vorgesehenen Eier aus. Die zukünftige Mutter bekam ein schönes Nest in einer ruhigen Ecke der Scheune, die Eier wurden hineingelegt, die verdutzte Henne wurde ergriffen und mit sanfter Gewalt auf das ihr fremde Gelege gesetzt. Begriffsstutzige Tiere, die nicht recht wussten, was sie davon halten sollten, und wieder fortstrebten, so dass Gefahr bestand, die Eier könnten unter dem Hin und Her leiden, bekamen vorsichtshalber für den ersten Tag einen Korb übergestülpt. Danach sah die Henne sehr schnell ein, was von ihr erwartet wurde, und blieb drei Wochen lang auf den Eiern sitzen, die sie nur zum Fressen und Trinken für kurze Zeit verließ. Natürlich konnten nicht alle Hühner in den Stand einer Mutter erhoben werden. Wer aber trotzdem seine Bemühungen nicht aufgeben wollte und weiter vor sich hin gluckte oder gar versuchte, eines der tönernen Nesteier zum Leben zu erwecken, hatte mit drastischen Maßnahmen zu rechnen. Mamsell sperrte das Unglückshuhn in einen Sack und ließ es dort für einen Tag im Dunkeln sitzen. Danach war es zumindest für die nächsten Monate von seinem Bruttrieb geheilt. Bis auf Mathilde. Auch sie hatte einmal diese Tortur über sich ergehen lassen müssen und diesen Schrecken nicht nur für Monate, sondern für immer im Gedächtnis behalten. Nie wieder brüten, das stand für sie fest.

Wir Kinder waren nun damit beschäftigt, junge Brennnesseln zu sammeln und unter Mamsells Anleitung das Kükenfutter zu mischen, in das nicht nur Brennnesseln, sondern auch klein gehackte harte Eier gehörten. Wir sahen zu, wenn die ersten Küken schlüpften, vertrieben fürsorglich den Habicht, der bereits erwartungsvoll über unserem Hof und der Wiese kreiste, und machten uns jeden Tag auf die Suche nach brütenden Enten. Sie legten ihre Eier still und heimlich in verborgenen Schlupfwinkeln längs des breiten Grabens, der zwischen Wiese und Lake lief, und erschienen dann irgendwann mit ihrem Nachwuchs auf dem Hof. Manchmal wurden sie auch von Möpschen aufgestöbert und uns über die Wiese, die an unserem Gartenzaun endete, zugetrieben, wobei die kleinen Entenküken in dem hohen Gras wahre Luftsprünge vollführen mussten, um mit ihrer verschreckten Mutter Schritt zu halten.

Enten und Gänse hielten wir nur in beschränktem

Umfang, weil Vater der Dreck störte, den sie auf dem Hof machten. Allerdings waren es gerade die Gänse, die uns ein herzergreifendes Beispiel von Liebe und Treue liefern sollten. Einer unserer jungen Gänseriche, von dem Mamsell jedes Mal, wenn sie ihn sah, zufrieden meinte: »Genau die richtige Martinsgans und 'ne Menge guter Daunen«, verliebte sich in eine von Frau Trägenapps Junggänsen, der dasselbe Schicksal blühte. Sie war ein vorwitziges Ding, das sich wie unsere Mathilde gern selbständig machte und eines Tages auf unserem Hof erschien. Die beiden wurden ein richtiges Paar, das sich liebevoll beschnatterte oder es sich, eng aneinander gekuschelt, mitten auf der Dorfstraße in einer Sandkuhle gemütlich machte. Natürlich dachten sie nicht im Traum daran, für die Heuwagen den Platz zu räumen, was viel Ärger verursachte und unseren Gartenzaun bei den Ausweichmanövern in Mitleidenschaft zog. Angesichts dieser Liebe brachte es niemand übers Herz, sich kalt und gefühllos an ihren Daunen oder Gänsekeulen zu erfreuen, und so kam die Gans dann ein Jahr später mit ihrem Nachwuchs auf unseren Hof spaziert, um ihn dem stolzen Vater zu präsentieren, der aber nicht das erwartete Interesse zeigte, sondern sich lieber in den Stall verzog. Beleidigt wackelte sie wieder davon und ließ sich erst wieder blicken, als die Gänseküken ihre mütterliche Fürsorge nicht mehr brauchten. Sie kehrte zu ihrem Gänserich zurück, und sie nahmen einträchtig ihre Spaziergänge zu ihren Lieblingsplätzen wieder auf, zum See, in die junge Gerste – ja sogar im Wald begegnete ihnen Vater.

Unsere Sorge, der Fuchs könne sie holen, blieb lange unbegründet. Wahrscheinlich waren ihm zwei so stattliche Gänse doch ein bisschen zu groß. Aber wie so manche menschliche Liebesgeschichte endete auch diese auf tragische Weise. Eines Tages kehrten beide nicht mehr zurück. Mit Möpschens Hilfe suchten wir sie überall vergeblich. Als Erstes hatten wir natürlich wieder den Fuchs im Visier. Aber nirgends waren Federn von einem Massaker zu finden. Dann fiel unser Verdacht auf fahrendes Volk, doch Vater meinte: »Dann hätten sie sich auch im Dorf blicken lassen.« Schweren Herzens gaben wir das Suchen auf. Erst im August fanden wir sie, zwei kleine Skelette, in einer Kiefernschonung. Einer von den beiden, wer, ließ sich nicht mehr feststellen, war in eine Kaninchenfalle geraten, und der andere war, getreu dem Spruch »Bis dass der Tod euch scheidet«, bei ihm geblieben und ebenfalls verhungert. Vater war ganz ergriffen.

Selbstverständlich bekamen beide ein würdiges Begräbnis. Wir legten die in Seidenpapier eingewickelten Skelette in einen ausrangierten, mit schwarzer Tusche bemalten Schuhkarton und gruben ihnen ein sehr schönes Grab am Ende des Gartens, wo schon ein Kaninchen, ein Meerschweinchen, ein Kanarienvogel und ein Laubfrosch ihre letzte Ruhestätte gefunden hatten. Mamsell wusste diesen traurigen Anlass zu würdigen und bescherte uns zum Mittagessen einen Leichenschmaus. Taktvoll hatte sie Ente als Fleisch gewählt, die sie mit Rotkohl und Kartoffelklößen servierte, und zum Nachtisch gab es Grießflammeri mit Erdbeersaft.

Vater fand das Essen für einen Wochentag reichlich üppig. Mutter sah ihn nachsichtig an: »Wäre es dir lieber gewesen, Mamsell hätte zum Andenken an die beiden Gänse mit Quark und Kleie vermischte Kartoffeln und dazu eine Kräutersoße aus Entengrütze angerichtet?«

Doch in diesem Frühjahr drängte sich Mathilde mal wieder in den Vordergrund. Sie war auf einen niedrig hängenden Ast eines hohen Baumes geflogen und aus unerfindlichen Gründen bis zum Wipfel emporgestiegen. Dort, wo die Äste nur noch die Stärke eines Spargels hatten, saß sie nun, vom böigen Wind heftig hin und her geschaukelt. Wir nahmen es gelassen, denn wir dachten, irgendwie wird sie schon herunterkommen. Aber als sie kurz vor Einbruch der Dunkelheit ängstlich gackernd immer noch dort oben saß, mussten wir etwas unternehmen, wenn Vater auch murrte: »Dämliches Huhn. Jetzt können wir uns auch noch das Genick brechen. Ab in den Kochtopf mit ihr, und Mamsell kocht uns eine ihrer vorzüglichen Bouillons mit Eierstich.«

»Nein!«, schrien wir entsetzt.

Vater lenkte ein. »Also gut.« Er deutete auf meinen Bruder. »Dann rauf mit dir!«

Das war nun Mutter wieder gar nicht recht. »Das meinst du wohl nicht im Ernst! Das ist doch viel zu hoch für das Kind!«

»Er soll ja weiter nichts tun, als sie ein bisschen zu erschrecken, damit sie endlich den Abflug findet«, sagte Vater.

Mein Bruder machte sich wieselflink ans Klettern, und er schaffte es tatsächlich, Mathilde herunterzuschütteln. Mit einem lauten Gackern setzte sie zum Sturzflug an und landete genau vor unseren Füßen. Einen Augenblick lang sah sie verdattert vor sich hin und rannte dann davon.

»Was haben wir nur für Tiere«, seufzte Vater. »Eine Kröte in der Küche, ein Huhn auf dem Baum, zwei Gänseskelette im Garten und Kühe, die wir auf jedes Springturnier schicken können.«

In diesem Augenblick begann die Nachtigall zu singen. Seit neuestem hatte sie sich einen ganz eigenartigen Schluchzer zugelegt, der Vater an eine von ihm nicht sehr geschätzte asthmatische Kusine erinnerte.

»Dich hatte ich ja ganz vergessen!«, rief Vater. »Du gehörst auch noch dazu.« Und zu Mutter gewandt: »In südlichen Ländern sollen ja Nachtigallzungen eine Delikatesse sein.«

Die Nachtigall schwieg erschüttert.

Der Pfingstausflug

Pfingsten verlief diesmal bis auf ein paar Pannen ungewohnt friedlich. Der Sonnabend stand ganz im Zeichen des Herausputzens und Schmückens. Die Haustür und die Veranda wurden mit frischem Birkenlaub verschönt, die Gartenwege und die Straße vor dem Haus geharkt, und sogar die Karnickel bekamen ein frisches Bett. Das bedeutete, dass die Ställe vorher ausgemistet werden mussten, eine bei uns Kindern nicht sehr beliebte Tätigkeit, die mein Bruder wie üblich sofort an meine Schwester und mich delegierte: »Nu mal ran, Leute, habt euch nich so!« Worauf ihm meine kämpferische Schwester mit den Worten: »Da haste deine Leute!«, erst mal eine klebte und sich zwangsläufig eine kurze, aber handfeste Kabbelei entwickelte. Danach waren sie sich wieder ganz einig. Sie steckten die Köpfe zusammen und meinten, das sei ja nun genau die richtige Arbeit für mich. Vor mich hin murmelnd: »Das sag ich Mutter, das sag ich Mutter«, gehorchte ich, das kleinste Kind im Haus, widerwillig, denn mein Bruder drohte mir mit Muskelstärken. Da ich mich aber, wie sie meinten, wieder mal selten dämlich anstellte, halfen sie mir dann doch. Bei all dem Hin und Her entwischte uns ein weißes Angorakaninchen, ein prächtiges Exemplar mit Schlappohren, und verschwand im Geräteschuppen. Es war nicht mehr aufzufinden. Auch Möpschen, den wir zu Hilfe holten, richtete nichts aus. Unsere anfeuernden Rufe: »Such, Möpschen, such!«, machten ihn im Gegenteil so konfus und aufgeregt, dass Spaten, Forken, Besen und Gießkannen durcheinander flogen, ihm schließlich eine Harke einen schmerzhaften Schlag versetzte und er sich laut aufjaulend verzog.

Wir mussten die Suche aufgeben, denn Vater kommandierte uns zum Gießen ab. Dummerweise hatte sich eine Kohlmeise die Gartenpumpe zum Brüten ausgesucht und in ihrem Inneren ein Nest gebaut, in dem bereits die Jungen hockten und mit aufgerissenen Schnäbeln nach Futter verlangten. So blieb uns nichts anderes übrig, als einen weiten Weg auf uns zu nehmen und das Wasser von der Pumpe im Hof zu holen. Gießkannen und Eimer besaßen ein beträchtliches Eigengewicht, so dass wir, schon wenn sie nur halb voll waren, damit unsere Last hatten. Während wir uns abplagten, füllte Mutter jede Vase im Haus mit Blühendem, und Mamsell hatte sich Möpschen gegriffen und schamponierte den sich heftig Wehrenden auf dem Rasen mit Persil. »Harry Piel sitzt am Nil, wäscht die Füße mit Persil«, sagte Vater.

Bis er wieder trocken war, sperrte Mamsell Möpschen, damit er sich nicht auf dem nächsten Beet wälzte, in die Küche. Als er wieder zum Vorschein kam, war sein Fell fast so schön wie das Haar von der Dame auf der Packung von Mamsells Pomade »Ich, Anna Csillag«. Vater strich ihm anerkennend über den Kopf, dann warf er einen Blick auf unser Aquarium. »Vielleicht gönnt ihr diesen armen Tieren mal wieder frisches Wasser.« Das taten wir sofort, mussten aber einen weiteren Verlust beklagen. Ein Guppy verschwand mit dem trüben Wasser im Klo.

Trotz der beiden bedauerlichen Vorfälle verbrachten wir alle eine ungestörte Nacht und genossen auch das pfingstsonntägliche Frühstück. Mamsell hatte üppig aufgetischt. Es gab ihre in der Verwandtschaft hoch gelobten Pummelchen, eine besonders lockere, eigelbbestrichene Brötchensorte, einen Hefezopf, Rosinenbrot, dreierlei verschiedene Marmelade, weiche Eier, Mettwurst, Schinken und Bohnenkaffee mit nur ganz wenig Zichorie. Dazu ließ das Pfingstwetter nichts zu wünschen übrig. Schwalben flitzten durch die Luft, Grillen zirpten, Lerchen sangen, und der laue Frühlingswind blähte die Gardinen im Esszimmer.

Nach dem guten Frühstück in Geberlaune, beschloss Vater, mit uns eine Fahrt durch seinen Wald zu machen, und um seine Güte voll zu machen, erlaubte er meinem Bruder, die Füchse zu fahren. Mein Bruder war selig, aber seine Begeisterung hielt nicht lange an, denn Vater bereute sehr schnell, dass er ihm die kostbaren Tiere anvertraut hatte. Die beiden Stuten, deren Namen Majoran und Melisse gut von Tante Herta hätten stammen können, waren sein Ein und Alles. Sobald sie nur einen Huster von sich gaben, musste der Tierarzt nach ihnen sehen, und selbstverständlich wurden sie nach jedem Ritt und jeder Fahrt trocken gerieben.

So konnte es nicht ausbleiben, dass Vater dauernd an der Fahrweise meines Bruders herumnörgelte. Mal ließ er die Zügel zu sehr durchhängen, mal hielt er sie zu straff, mal zog Melisse den Wagen fast allein, bis Mutter schließlich ungeduldig sagte: »Du bist hier nicht auf der Reitschule in Hannover!« Vater war als Leutnant vor dem Ersten Weltkrieg dorthin abkommandiert worden, was als große Auszeichnung galt und deshalb von Mutter in Gesellschaft gern mit Stolz erwähnt wurde. Vater sah sie daher auch ganz verblüfft an, bemängelte dann aber sofort Majorans Zaumzeug, das angeblich zu locker saß. So stieg mein Bruder ab, um den Riemen fester zu ziehen. Während er daran herumnestelte, stellte Majoran den linken Vorderfuß auf seinen Schuh und ließ ihn dort, ohne sich darum zu scheren, dass er sie mit Fäusten bearbeitete, damit sie seinen Fuß freigab. Endlich hatte er es geschafft und humpelte mit schmerzverzerrtem Gesicht zum Wagen zurück. »Armer Junge«, sagte Vater mit Mitgefühl in der Stimme, aber großer Herzlosigkeit im Blick. »Am besten, du gehst jetzt nach hinten und tauschst deinen Platz mit einer deiner Schwestern.«

Meine Schwester kletterte nach vorn, und Mutter sagte unruhig: »Wir müssen jetzt dringend nach Hause, sonst zerfällt Mamsell der Hecht.«

In diesem Augenblick hoppelte etwas Weißes, sehr Großes über den Weg. Es war das Angorakaninchen. Die beiden Stuten erschraken aufs heftigste. Karnickel in ihren natürlichen Erdfarben und Körpergrößen waren ihnen vertraut, bei jeder Fahrt durch den Wald traf man auf sie. Aber ein weißes mit Schlappohren, fast so groß wie ein Hase, hatten sie noch nie gesehen. Und so taten sie das, was zu ihren Lieblingsgewohnheiten gehörte: Sie gingen durch. Leider in die falsche Richtung, so dass wir fast zwei weitere Kilometer von zu Hause entfernt waren, ehe Vater sie wieder zum Stehen brachte. So kamen wir eine halbe Stunde zu spät. Mutter traute sich kaum ins Haus und schon gar nicht in die Küche, denn wie laut Mamsell dort mit den Töpfen herumlärmte, war bereits im Flur zu hören. Vater sah ein, dass er es auf sich nehmen musste, den Frieden wieder herzustellen. Festen Schrittes stieg er ins Souterrain hinunter, nicht ohne bereits auf der Treppe in Lobeshymnen auszubrechen: »Oh, dieser Duft! Und hinterher Weingelee! Welche Verwöhnung!«

»Schließlich ist Pfingsten«, sagte Mamsell, schon milder gestimmt.

»Eben!«, rief Vater. »Ich habe fest mit etwas Einfachem gerechnet, damit Sie auch mal Ihre Ruhe haben.«

»Dafür bin ich nicht hier«, sagte sie und nahm einen Löffel zur Hand. »Wollen Herr Graf nicht mal die Soße kosten?«

Das wollte Vater unbedingt. Er verdrehte verzückt die Augen. »Wunderbar! Wissen Sie noch, die Schnepfe? Ohne Sie wäre ich ganz schön blamiert gewesen!«

»Na, na.« Mamsell lächelte gnädig. »Nun übertreiben Sie aber wirklich. Es kann übrigens gleich gegessen werden.«

Der Einzige, der nach seinem unfreiwilligen Persilbad noch schmollte, war Möpschen. Wie uns Mamsell erzählte, war ihr ein Sahnetöpfchen umgekippt und die Sahne auf den Fußboden getropft. Aber zum ersten Mal hatte der Bernhardiner sich geweigert, wie gewohnt die Sahne aufzulecken. »Er ist in seinen Korb gekrochen«, berichtete Mamsell, »und hat mich angesehen, als wollte er sagen: ›Ich bin noch lange nicht dein Aufwischlappen.‹«

Den Abend verbrachten wir einträchtig auf der Veranda, und die Eltern ließen sich Vaters Lieblingsgetränk, eine Kalte Ente, schmecken. Der scheidende Mai zeigte sich in seiner ganzen nächtlichen Pracht. Am Himmel funkelten die Sterne, der Duft von Flieder und frischem Grün vermischte sich mit Vaters aromatischem Zigarrenrauch, ja sogar die ersten Glühwürmchen funkelten in den Büschen. Mutter verschwand im Haus, und kurz darauf hörten wir sie spielen: »Komm wieder, Nöck, du singst so schön.« Der Nöck folgte dieser Aufforderung nicht. Dafür kam plötzlich das weiße Kaninchen angehoppelt und tat, als sei es nie weg gewesen. Und dann meldete sich die Nachtigall. Diesmal war ihr Gesang rein und klar und ganz ohne asthmatischen Schlenker.

»Recht ordentlich«, sagte Vater.

Der Schrotthaufen

Der Juni begann mit einem Donnerschlag, den aber nicht ein Gewitter hervorrief, sondern mein Bruder. Wie üblich trieben wir Kinder uns an unserem Lieblingsort, in der Küche, herum und überhörten geflissentlich Mamsells mehrfache Aufforderung, uns zu verziehen. Die Mädchen waren gerade beim Abwasch und Mamsell beim Buttern, so dass sich sechs Personen in der engen Küche im Souterrain drehten, ganz zu schweigen von unserem Bernhardiner Möpschen, der, mal wieder seiner geliebten Buttermilch harrend, Mamsell schwanzwedelnd umkreiste.

Sie war gerade dabei, sie in einem Topf schäumen zu lassen, als es meinen Bruder überkam, wie er sich immer zu entschuldigen pflegte, wenn er Unfug getrieben hatte – »Ich weiß auch nicht, es hat mich so überkommen.« Plötzlich zog er zwei Teschingpatronen aus der Hosentasche, öffnete die Ofentür und warf sie hinein. Einen Augenblick lang verhielt sich der Herd ruhig. Es war die Stille vor dem Sturm. Dann gab es einen ohrenbetäubenden Knall, es zischte und spuckte, glühende Asche und Kohlenstücke flogen durch die Gegend, Qualm kroch aus allen Ritzen, und eine dicke schwarze Wolke stieg aus dem Schornstein zum Himmel empor, von Frau Trägenapp ungläubig betrachtet, die gerade im Garten ihre Beete durchhackte. In der Küche entstand ein heilloses Durcheinander. Unsere Hauskröte hüpfte vor Schreck von ihrem Stammplatz unter dem Spülstein in die falsche Richtung und landete in der Buttermilch, Möpschen suchte Schutz unter Mamsells Röcken, die fuhr aufgeregt durch ihr Haar, und ihr stattlicher Dutt, den sie uns bislang als das Resultat des Haarwuchsmittels von »Ich, Anna Csillag« angepriesen hatte, fiel auf die von Buttermilch umspülte Kröte, die nun zu allem Schrecken auch noch im Dunkeln saß. Währenddessen floss aus einer der Abwaschschüsseln das Wasser auf den Fußboden, weil irgendetwas die Schüssel durchschlagen hatte. Uns gegenseitig beiseite schubsend, drängten wir nach draußen, allen voran Möpschen, der in seiner Angst etwas fertig brachte, was ihm bisher noch nie gelungen war: Er sprang über den Gartenzaun.

Als alles vorbei war, sagte Mamsell mehrmals: »Ich finde keine Worte!«, die Mädchen malten meinem Bruder aus, was man mit so einem Lümmel in ihrer Jugend – sie waren siebzehn und achtzehn – angestellt hätte, und Mutter sagte klagend: »Kind, wie konntest du nur!«

Meine Schwester und ich warteten mit angenehmem Gruseln auf Vaters Strafgericht, das allerdings auf den nächsten Tag verschoben werden musste, weil Vater nach Berlin gefahren war. So blieb Zeit genug, um darüber zu spekulieren, wie es wohl ausfallen würde. Ich vermutete Arrest im Keller, was meinen Bruder eher fröhlich stimmte, denn dort gab es genug Stärkungsmittel, mit denen man sich die Zeit vertreiben konnte.

Meine liebenswürdige Schwester tippte sich an die Stirn. »Bist du malle? Auf die Idee ist Vater doch noch nie gekommen.«

Sie hatte viel unangenehmere Dinge in petto, wie eine Woche lang im Garten Unkraut zupfen oder junge Bäume gegen den Wildverbiss mit Stinköl bestreichen, wonach man so stank, dass einem selbst Möpschen auswich. Oder, noch schlimmer, ein Gedicht lernen, für meinen Bruder, der es mit dem Lesen nicht so hatte, eine der härtesten Strafen. »Die Glocke« zum Beispiel, was ihm von Vater schon mehrfach angedroht worden war, das letzte Mal vor einer Woche, weil er sich, anstatt ihm beim Einschlagen junger Fichten zu helfen, im Kahn auf dem See herumtrieb und sich taub stellte, als Vater nach ihm pfiff.

Doch von meiner Schwester ließ sich mein Bruder noch lange nicht in Angst und Schrecken versetzen. »›Die Glocke‹? Pah«, sagte er, »kann ich längst auswendig!« Und er gab sogleich eine Kostprobe seines großen Wissens: »Der Mann muss hinaus ins feindliche Leben.« Allerdings war auch uns dieses von Vater gern vor seinen Berlinfahrten benutzte Zitat bekannt.

»Na, und weiter?«, sagte meine Schwester. Sie bekam keine Antwort. Mein Bruder hatte sich pfeifend verzogen.

Doch Vater zeigte sich unerwartet milde. Er verweigerte ihm lediglich seinen Anteil an den Katzenzungen, die er uns mitgebracht hatte. Mein Bruder nahm es gelassen. Während Vater sie zwischen meiner Schwester und mir aufteilte, wanderte sein Blick von einem Schokoladenhäufchen zum anderen. Ich legte meine Hand schützend über meinen Anteil. Doch ich wusste, dass es mir wenig nützen würde.

Danach begab sich Vater in die Küche. Die Mädchen und Mamsell waren noch immer beschäftigt, Küchenbuffet, Geschirrschrank und Herd von Ruß zu säubern. Vater sprach beruhigend zu der Kröte, die wieder ihren Stammplatz unter dem Spülstein neben der Pumpe eingenommen hatte, deren Hals sich aber nach der Aufregung immer noch heftig blähte. Er streichelte den sich wimmernd an ihn drängenden Möpschen, schaute in die Runde und sagte: »Sieht ja wirklich schlimm aus.«

»Besonders der Herd«, sagte Mamsell. Sie deutete auf die verbeulte Ofentür, durch die der Herd grimmig glühte. Offensichtlich keimte in ihr die Hoffnung, Vater werde nun endlich über seinen Schatten springen und ihr einen neuen spendieren. Angesichts der vielen Blessuren, die der Herd davongetragen hatte, kam Vater zwar diesmal nicht wie sonst auf den Rehrücken zurück, den die Frau des Försters anno dazumal, als das Ehepaar noch hier gewohnt hatte, auf diesem Herd so einmalig zubereitet hatte, aber Mamsell sah seinem Gesicht an, dass es auch diesmal nicht klappen würde. Trotzdem machte sie noch einen Versuch. »Herr Graf sehen doch selbst: der reinste Schrotthaufen!«

Vater versprach, ernsthaft darüber nachzudenken. Zunächst müsse aber der Ofensetzer ran und natürlich

Maler Blumenthal. »Wissen Sie vielleicht, wo er steckt?«

»Keine Ahnung«, sagte Mamsell mürrisch, die sich das Resultat von Vaters Nachdenken an zehn Fingern abzählen konnte. Der ging mit einem bestrickenden Lächeln über ihre sich verfinsternde Laune hinweg, zuckte aber dann doch beim Hinausgehen zusammen, als ihm Mamsell halb laut jenen Kindervers hinterherfeuerte, der das Signal dafür war, dass ihre schlechte Laune den Höhepunkt erreicht hatte: »Ich sitze hier und schneide Speck, und wer mich liebt, der holt mich weg.«

Niemand konnte Vater sagen, wo sich Maler Blumenthal aufhielt. Der kam und ging, wie es ihm passte, war oft monatelang aus der Gegend verschwunden und tauchte dann plötzlich wieder auf, arbeitete längst nicht für jeden und verhielt sich im Allgemeinen wie ein eigenwilliger Künstler, vor allem, was die Wahl der Farben betraf. Auch diesmal war er wieder für eine Überraschung gut und stand unerwartet vor unserer Haustür, als ahnte er, in welchen Nöten wir steckten. Der Ofensetzer erschien ebenfalls, begutachtete den Herd von allen Seiten und meinte ungläubig: »Wollen Herr Graf wirklich, dass ich da noch mal rangehe?«

Vater nickte, und Blumenthal warf Mamsell einen mitleidigen Blick zu. Beide Herren Handwerker waren sich einig, dass sehr viel Arbeit auf sie wartete, die ihre Zeit brauchte. Natürlich musste man sich zu Beginn erst einmal mit einem kräftigen Mittagessen stärken, was seine Schwierigkeiten hatte, weil der Herd viel

Qualm und wenig Hitze von sich gab und Mamsell nur Rührei und Bratkartoffeln zustande brachte, wenn auch mit reichlich Schinken und Speck.

Wie gewohnt bei solchen häuslichen Unbequemlichkeiten, überließen die Eltern uns unserem Schicksal und fuhren zu Verwandten. Während sie es sich dort schmecken ließen, mussten wir uns mit in der Kochkiste warm gehaltener, noch dazu reichlich mit dem Gewürz der Seligen versehener Linsensuppe begnügen und lebten den Rest der Woche hauptsächlich von Butterbroten, die uns Mamsell allerdings mit Leberwurst, Schlackwurst und Schinken servierte oder mit Johannisbeergelee und Erdbeermarmelade versüßte.

Schließlich war der Herd wieder so einigermaßen zusammengeflickt, die Küchenmöbel waren gestrichen, und zur Feier des Tages ließ Mamsell etwas Ordentliches in der Pfanne brutzeln, es gab große Koteletts mit frischem Salat und hinterher, bei uns Kindern besonders beliebt, arme Ritter.

Am nächsten Tag kehrten die Eltern zurück und besichtigten die Küche, die nun in einem laubfroschfarbenen Grün prangte. Neben der Pumpe hatte Blumenthal eine etwa zehn Zentimeter große Seejungfrau, natürlich entsprechend entblößt, gemalt, deren Gesicht eine gewisse Ähnlichkeit mit Mutter nicht abzusprechen war, was diese im Gegensatz zu Vater sehr verlegen machte. Nicht so angetan war er allerdings von dem Spruch, der in schnörkelreicher Schrift über dem erneuerungsbedürftigen Herd prangte: »Jeder Mensch ist anders albern.« Dazu blickte dem Betrachter aus dem schwungvollen »a« des Wortes »albern« ein Gesicht entgegen, das uns vertraut schien, nämlich Vaters. Der drehte jedoch wie immer sofort den Spieß um.

»Siehst du, mein Junge«, sagte er zu meinem Bruder, »da hat's dir der Blumenthal mal ordentlich gegeben. Wobei ja das Wort ›albern‹ noch schwach ist für das, was du angerichtet hast.« Aber er war von seinem Konterfei begeistert. Kein Gast kam ihm ins Haus, dem es nicht vorgeführt wurde, obwohl sich das Bild durch Küchendämpfe, Qualm und Fliegenkleckse allmählich stark veränderte und mehr Ähnlichkeit mit unserer Hauskröte als mit Vater bekam.

Auf einen neuen Herd kam Mamsell in der nächsten Zeit nicht mehr zurück. Aber es gab jetzt häufiger als sonst ein Gericht, das Vater hasste: Hefeklöße mit Backobst.

Tischlein deck dich

Jedes Mal, wenn Mamsell ihren Urlaub nahm und in ihren schlesischen Heimatort fuhr, gab es im Haus ein großes Lamento. In diesem Jahr war es nicht anders. Die Eltern taten, als fielen sie aus allen Wolken. Dabei hatte Mamsell, je näher der Zeitpunkt ihrer Abfahrt rückte, immer häufiger davon gesprochen, denn sie fuhr ungern weg und litt an heftigem Reisefieber.

»Ausgerechnet im Juni«, rief Vater, »dem herrlichsten Monat, den die Natur hier zu bieten hat!« Das stimmte. Schon durch die kurz vor dem Schnitt stehenden blühenden Wiesen zu streifen war ein Hochgenuss.

Aber Mamsell beharrte darauf, dass es im Interesse des Hauses der beste Monat sei. »Wenn ich wieder zurück bin, geht's mit dem Einwecken los. Außerdem, knappe zwei Wochen, die sind doch schnell rum.« Sie tat, als gönnten wir ihr diese Zeit nicht, wäre aber aufs Höchste beleidigt gewesen, wenn wir sie nicht für unentbehrlich gehalten hätten. »Und außerdem, Baronesse Herta wird's schon richten. Sie kocht doch recht ordentlich.«

»Ordentlich?«, rief Vater. »Ach, wir werden kannenweise Kräutertee zu trinken bekommen und Hungerpoten saugen. Und ihre Bratklopse! Liegen wie Wackersteine im Bauch.«

Mamsell strahlte geradezu. »Nun, vielleicht ein bisschen scharf gebraten«, nahm sie großzügig ihre Vertretung in Schutz. »Aber das lag bestimmt wieder an dem verdammten Herd.« Diese Beleidigung wurde von ihrem Erzfeind sofort quittiert. Die Milch kochte über.

»Mamsell hat Recht«, sagte Mutter. »Ich finde es rührend von Herta, dass sie sich angeboten hat, Mamsell und mich zu vertreten.«

»Dich?«, rief Vater ungläubig. »Du hast doch wohl nicht auch die Absicht, uns im Stich zu lassen?«

Doch, die hatte Mutter und viele handfeste Gründe, um wieder einmal ihre Schwester zu besuchen. Worauf Vater sofort beschloss, es ihr gleichzutun und für ein paar Tage nach Berlin zu entfliehen. Unaufschiebbarer Geschäfte wegen natürlich.

Kurz vor Mamsells und Mutters Abreise brach die gewohnte Hektik aus. Erst musste Mamsell zur Bahn gebracht werden, dann kam Tante Herta angereist, und danach verabschiedete sich Mutter in einem Aufzug, wie wir ihn nur selten zu sehen bekamen. Mit Schmuck behängt, in einem Modell von Gerson und mit einem kecken Hütchen auf dem Kopf schwebte sie die Treppe herunter.

»Eine Würde, eine Höhe entfernte die Vertraulichkeit«, sprach Vater andächtig und rettete Mutters Kostüm noch im letzten Augenblick vor Möpschens Sabbermaul, der sich auf seine Weise von ihr verabschieden wollte.

Zu unserer großen Überraschung hatte sich unsere Tante auf angenehmste Weise verändert. Zwar trug sie immer noch mit Hilfe einer goldenen Hirschhakennadel hochgeschlossene Blusen und war auch sonst wie üblich recht burschikos, aber es ging etwas Berauschtes, Glühendes von ihr aus, was wir uns nicht erklären konnten. Aber anscheinend nahm der Herd es wohlwollend zur Kenntnis. Jedenfalls tat er unter ihrer Regie keinen Mucks, sondern brav alles, was von ihm erwartet wurde. Und das war eine Menge. Tante Herta nämlich war von einer jähen Leidenschaft fürs Kochen ergriffen, ausgelöst durch einen Kochkurs, den sie in einem Feinschmeckerrestaurant absolviert hatte. Auf diese Mitteilung hin hatte Vater es plötzlich gar nicht mehr so eilig, nach Berlin abzureisen.

Die Mädchen waren etwas skeptisch und warteten erst mal ab, wie die Baronesse sich so anließ, ob sie sich womöglich in ihre Belange einmischte und an ihnen herumerzog oder sich sonstwie aufspielte. Vielleicht wie ihr Dackel, der sich bereits recht bramsig benahm, sich in Möpschens Korb breit machte und ihn anknurrte, während der winselnd davor stand und sich nicht traute, sein Hausherrnrecht in Anspruch zu nehmen. Aber Tante Herta lag es fern, sich unbeliebt zu machen, was die Mädchen erleichtert zur Kenntnis nahmen. Sie waren nun täglich bis weit nach Mitternacht auf der Sause und brauchten nicht zu befürchten, wie bei Mamsell niederschmetternde Strafpredigten anhören zu müssen.

Auch wir blieben von erzieherischen Maßnahmen

verschont, denn Tante Herta hatte nur eins im Sinn: uns allen zu zeigen, was in ihr steckte. Aus einer halben Vegetarierin, die gern an rohen Mohrrüben und Ähnlichem herumknabberte, war eine Feinschmeckerin geworden, die unbedingt ihre Umwelt an ihren neu entdeckten Sinnesfreuden teilnehmen lassen wollte. Wer diese an ein Wunder grenzende Verwandlung vollbracht hatte, blieb im Dunkeln. Es war uns auch gleichgültig. Lange waren wir nicht mehr so verwöhnt worden. Rücksichtslos plünderte sie die Vorräte im Keller, briet, köchelte und buk und hielt ständig immer neue köstliche Überraschungen für uns bereit. Und nicht nur für uns, sondern auch für Möpschen und den Dackel, denen Tante Herta unauffällig, damit Vater es nicht merkte, beim Essen dicke Happen unter den Tisch reichte.

Vater, der gern klagte, in diesem Hause herrsche eine ungeheure Verschwendung, wurde zum Topfkucker und stieß nur ein teils erfreutes, teils erschrockenes »Donnerwetter!« hervor, als ein Glas Orangenmarmelade auf dem Frühstückstisch stand. Es gab nämlich nur wenige Gläser davon und war für Mamsell das Kostbarste, was sie zu bieten hatte. Den von uns sowieso sehr geschätzten Milchreis mit Zimt und Zucker steigerte Tante Herta zum Reis à la Trautmannsdorf, den uns Mamsell nur bei Diners als Nachtisch gönnte. Zur Vesper standen nun nicht mehr Brot und Pflaumenmus an erster Stelle, sondern feinstes Gebäck, darunter auch eine Schichttorte, der Vater das in seinen Augen höchste Lob spendete: »Schmeckt wie bei Smolinsky gekauft.« Smolinsky war unsere Konditorei in Rathenow. Es gab nun Vorspeisen wie pochierte Eier in verschiedenen Variationen, ebenso variantenreiche Käseaufläufe, darunter einen mit frischem Spinat, was uns diesem sonst wenig geschätzten Gemüse näher brachte. Es gab an gewöhnlichen Wochentagen Sonntagsgerichte wie Rehgulasch mit Pfifferlingen, Kartoffelpüree und Preiselbeeren.

Den Mädchen schmeckte es ebenso gut wie uns, wenn sie auch manchmal hinter Tante Hertas Rücken über den vielen Abwasch klagten. Und wenn sie aus dem Keller kamen, blickten sie sich viel sagend an und machten ein Auweia-Gesicht. Denn Tante Herta behandelte den Vorratskeller wie ein Tischlein-deckdich, das sich von allein wieder auffüllt. So zierten die von Mamsell gehüteten Sauerkirschen den Mürbteigboden, zu jedem Flammeri gab es abwechselnd reichlich Erdbeerkompott oder Schwarzkirschen und täglich zum Frühstück ein weiches Ei. Die Fahrt nach Berlin hatte Vater nun völlig vergessen, und ungewöhnlich geduldig ertrug er Tante Hertas ewiges Vorsichhingesumme, das ihm sonst auf die Nerven zu gehen pflegte.

Zwei Tage vor Mutters und Mamsells Rückkehr verabschiedete sich unsere Zauberköchin. Vater ließ es sich nicht nehmen, sie mit den Füchsen selbst zur Bahn zu bringen, und wir fuhren alle mit. Dagegen ging die Rückkehr unserer beiden Gebieterinnen, wie Vater sie gelegentlich nannte, ziemlich sang- und klanglos über die Bühne. Zwar sagte Vater seinen Standardsatz:

»Schön, dass ihr wieder da seid«, aber es klang nicht sehr überzeugend.

Mutter wollte natürlich sofort wissen, wie wir mit Tante Herta zurechtgekommen waren. »Keine besonderen Vorkommnisse«, sagte Vater. Mutter gab sich damit zufrieden. Allerdings fielen ihr ein paar Kleinigkeiten auf, dass Möpschen neuerdings Quartier unter dem Esszimmertisch bezogen hatte, zum Beispiel, oder dass ich, anstatt wie gewohnt während des Mittagessens meinen Durst mit Wasser zu löschen, quengelig nach Himbeersaft verlangte. Worauf meine Schwester tatsächlich, ohne zu fragen, aufstand, eine Flasche davon aus dem Keller holte und wir drei Kinder uns reichlich davon bedienten, wobei wir das Verhältnis Wasser zu Himbeersaft gegen jede Regel umdrehten, so dass die Flasche in kurzer Zeit leer war. Zu ihrem Erstaunen nannte Vater bei der Vesper Mamsells Kaffeemischung wiederum eine grauenhafte Plörre, schob dann das Pflaumenmus beiseite und wollte wissen, ob noch von der Schichttorte da sei.

Mutter sah grübelnd vor sich hin, was sie stets tat, bevor sie Unangenehmes erörterte. »Herta muss euch ja sehr verwöhnt haben«, sagte sie.

»Nun ja, sie kocht wirklich recht nett«, meinte Vater.

»Bist du deswegen nicht nach Berlin gefahren? Du hattest doch sehr wichtige Termine.«

»Stimmt. Aber der Direktor von der Dresdner Bank ist plötzlich krank geworden.«

»Krank?«, sagte Mutter gedehnt. »Als ich auf dem

Lehrter Bahnhof umstieg, kam es mir so vor, als hätte ich ihn dort gesehen. Jedenfalls winkte mir jemand heftig zu, der ihm sehr ähnlich sah.«

Vater blieb es erspart, sich weiter verteidigen zu müssen, denn es klopfte an der Esszimmertür, und Mamsell kam schwer atmend herein. Ihr Gesicht verhieß nichts Gutes. »Frau Gräfin, Sie glauben es nicht!«

»Was denn, um Himmels willen!«, rief Mutter. »Was ist passiert?«

»Die Vorräte! Alles weg! Kaum noch was da!« Ohne auf den besserwisserischen Hinweis meines Bruders zu achten, wenn alles weg sei, könne nicht kaum noch was da sein, zählte sie auf »Fleisch, Kompott, Pilze, Butter, Sahne, Eier und« – ihre Stimme hob sich – »kein einziges Glas mehr von der Orangenmarmelade!«

Mutter eilte in den Keller. Ganz so schlimm, wie Mamsell es geschildert hatte, war es Gott sei Dank nicht, wenn auch der Verlust der Orangenmarmelade schmerzlich war. Doch Mamsell hatte nicht nur die Vorräte zu beanstanden, sondern zum Beispiel auch den Umgang mit den gusseisernen Pfannen. Diese wurden stets mit Hilfe von Salz und dem dafür sehr geeigneten »Westhavelländer« von Fett und Angebranntem gereinigt. Aber Tante Herta hatte die Todsünde begangen, sie regelrecht auszuscheuern, noch dazu mit Ata!

Es dauerte seine Zeit, bis Mamsell sich wieder beruhigte. Auch Möpschen zeigte sich renitent. Er hatte wieder die Unart angenommen, sich auf den frisch bepflanzten Gartenbeeten zu wälzen, und steckte dauernd seinen dicken Kopf in den Schweineeimer, wohl in der Hoffnung, noch etwas von Tante Hertas übrig gebliebenen Köstlichkeiten zu finden, wobei er den Fußboden voll kleckerte. Er musste zweimal den Teppichklopfer zu spüren bekommen, bis er endlich begriff, dass wieder strengere Sitten herrschten.

Vater schien der Begriffsstutzigste zu sein, denn zu Mutters Erstaunen setzte er sich täglich eine kalte Ente an. Aber Mutter war langmütiger als Mamsell. Sie glaubte fest daran, dass wir schnell wieder auf den Pfad der Tugend zurückfinden würden. Und das taten wir auch notgedrungen.

Aber nicht nur wir. Der Familienklatsch machte mal wieder die Runde, und wir erfuhren nicht nur von Tante Hertas Liebe zu dem Restaurantbesitzer, bei dem der Kochkurs stattgefunden hatte, sondern auch ihr trauriges Ende. Angeblich hatte er unzumutbare Dinge von ihr verlangt. »Was denn?«, fragte Vater interessiert. *»Attention, les enfants«*, sagte Mutter. Und so kehrte auch Tante Herta zu den preußischen Tugenden der Sparsamkeit zurück und damit auch zu den Kräutern.

»Einmal im Leben die Sonne sehn, und dann im Schatten der Nacht vergehn«, sagte Vater melancholisch und stocherte lustlos in den Béchamelkartoffeln herum.

Der große Angler

Noch hatte der Frühling das Sagen, und die Natur zeigte sich in verschwenderischer Blüte. Doch der Sommer stand schon in den Startlöchern, und Mamsell bereitete sich auf das Einwecken vor, denn die Erdbeeren röteten sich. Sie hatten prächtig angesetzt, was, wie wir Kinder meinten, allein unser Verdienst war. »Meines nicht?«, fragte Vater beleidigt. Nein, das fanden wir nicht, denn er pflegte zu sagen: »Fangt schon mal mit Gießen an, ich komme auch gleich.« Und dabei blieb es dann meist.

Mamsell inspizierte die Weckgläser und konnte sich wieder einmal nicht erklären, wo eigentlich die Gummiringe geblieben waren. Sie sah uns scharf an. »Na, wisst ihr es vielleicht zufällig?« Diesen Verdacht wiesen wir weit von uns. Dabei benutzten wir sie gern, um Katapulte herzustellen.

»Ihr könnt mir viel erzählen«, murrte Mamsell, »besonders du.« Sie bedachte meinen Bruder, auf den sie im Augenblick nicht gut zu sprechen war, mit einem finsteren Blick. Sie behauptete sogar, er sei ein Nagel zu ihrem Sarg, weil er dauernd mit seinen geangelten Fischen in der Küche erschien und bettelte, Mamsell solle sie ihm braten. Sie betrachtete missmutig die mickrige Beute an Barschen, Rotfedern, Plötzen oder Brassen. Sie waren nicht größer als Ölsardinen und sahen aus, als seien sie schon ziemlich lange tot. »Die sind ja nicht das Fett in der Pfanne wert.« Aber seltsamerweise konnte sie so gut wie nie den halb bettelnden, halb unverschämten Blicken meines Bruders widerstehen. Teils schimpfte sie, teils lachte sie und tat am Ende doch, was er wollte, verlangte allerdings von ihm, dass er diese »Prachtstücke« selber ausnahm und schuppte. Bei Tisch machte ihm keiner von uns dieses herrliche Essen streitig, sooft er auch großzügig davon anbot. »Kostet doch wenigstens mal.« Wir aber spürten allein vom Aussehen schon die Gräten im Hals. Tatsächlich blieb ihm häufig eine in seinem gierigen Rachen stecken, so dass Vater auf seinem Rücken herumtrommeln musste und, wenn das nichts half, ihm eine ganze Pellkartoffel zu schlucken gab.

Wann immer man fragte: »Wo steckt eigentlich der Junge?«, bekam man von Vater die Antwort: »Na, wo schon?« Und wir wussten, er war mal wieder auf dem nahe gelegenen See, seinem bevorzugten Revier. Er wusste genau, welche Fischarten an welchen Stellen zu finden waren und wo man Reusen und Aalkörbe auslegen musste. Er verbrachte Stunden um Stunden im Kahn, ohne sich zu langweilen, auch wenn die Fische nicht bissen.

Ebenso wie Katapulte, Flitzbogen, Weidenflöten und Borkenschiffchen stellten wir auch unsere Angeln selbst her. Nur Haken und Schnur rissen große Löcher in unsere Ersparnisse. Die Pose bastelten wir aus einem

Weinkorken, durch den wir einen Gänsekiel steckten oder, nach einem Besuch im Berliner Zoo, Stacheln von Stachelschweinen, die es dort zu kaufen gab. In die Schnur oberhalb des Hakens klemmten wir Schrotkörner aus Schrotpatronen. Sie sorgten für das nötige Gewicht. Und die Angelrute schnitten wir aus Haselnuss- oder Weidensträuchern zurecht.

Gelegentlich begleiteten meine Schwester und ich meinen Bruder zum See, um gemeinsam mit ihm vom Ufer aus zu angeln. Doch es war ratsam, sich eine Stelle in gehörigem Abstand von ihm auszusuchen, denn seine schwungvoll ausgeworfene Angel kostete mich eines Tages fast mein Auge. Glücklicherweise blieb der Haken in meiner Augenbraue stecken. Mein Bruder zeigte sich sehr besorgt, allerdings mehr um den Haken als um mich.

Die viel versprechende übel riechende Paste »Anglerglück« hielt zu seinem Verdruss nur selten, was die Werbung versprach. Die Fische zeigten sich eher uninteressiert an dieser phänomenalen Erfindung. Meist bestupsten sie nur das damit durchtränkte Brotkügelchen und schwammen davon. So mussten die armen Regenwürmer wieder ran, die wir hinter der Scheune ausgruben.

Wie alle Angler träumte auch mein Bruder vom Fisch aller Fische, einem haiähnlichen Tier, wie es das Dorf noch nicht gesehen hatte. Aber unzählige Angelhaken, die sich im Schilf verhedderten, und viele zerrissene Schnüre mussten daran glauben, bis er einen Zipfel dieses Traums zu fassen bekam. Es war an einem jener Tage, an dem ein Gewitter in der Luft lag und die Fische nach allem schnappten, was sich bewegte, in diesem Fall auch eine arglose Rotfeder nach dem Regenwurm an der Angel meines Bruders. Ehe er sie herausziehen konnte, löste sich ein Schatten aus dem Schilf, und in Sekundenschnelle hatte sich die Rotfeder in einen kräftigen Hecht verwandelt, der in rasendem Tempo mit dem Schwimmer davonzog. Mein Bruder hatte alle Mühe, ihn vorsichtig an den Kahn heranzuziehen. Und während sich die für Fische dieser Größe nicht vorgesehene Angel bereits bedenklich bog, schob er blitzschnell den Kescher unter den sich heftig wehrenden Hecht.

Aufgeregt kam er in die Küche gerannt, wo Mamsell gerade mit Mutter um die Erdbeeren kämpfte, von denen ihrer Meinung nach gar nicht genug eingeweckt werden konnten, während wir mehr dafür waren, so viele wie möglich frisch zu essen. Wie die meisten Mütter bemühte sich auch unsere, es möglichst allen recht zu machen, was dazu führte, dass sie ein schwankendes Rohr war, mal auf unserer, mal auf Mamsells Seite. Aber meist blieb beim Einmachen Mamsell Siegerin, was wir dann im Winter gar nicht genug loben konnten.

Als mein Bruder hereingestürmt kam und triumphierend den Hecht auf den Tisch warf, zuckten beide erschreckt zusammen und hörten sich seine herausgesprudelte Geschichte etwas skeptisch an. Mamsell schnitt den Fisch auf, und tatsächlich: Nicht nur die Rotfeder, sondern auch ein zweiter, kleinerer Fisch glitschte heraus. Mamsell war beeindruckt und zum ersten Mal sofort bereit, den Hecht mit einer besonders delikaten Soße zu servieren. Diesmal lehnten wir nicht ab. Wir teilten seine Beute gern mit ihm und hörten ihm höflich zu, während er diese unglaubliche Geschichte dreimal zum Besten gab.

Hin und wieder, wenn ich genug gebettelt hatte, ließ mein Bruder sich herab, mich auf den See mitzunehmen, wenn er morgens nach den Reusen sah. Meist war er allerdings zu dieser Güte nur bereit, wenn er mich als Packesel brauchte. Wie stets, war der am Abend zuvor so heiß gehegte Wunsch am nächsten Morgen nicht mehr ganz so dringlich, und ich wäre viel lieber im warmen Bett geblieben. Aber mein Bruder kannte kein Pardon, und meine liebenswürdige Schwester, die vom Nebenbett das Gerangel mit ansah, sagte, ehe sie sich auf die andere Seite drehte: »Am besten, du schmeißt sie gleich ins Wasser.«

Angekleidet mit einer hastig über das Nachthemd gezogenen Trainingshose und meinem Lodenmantel, stolperte ich, mich ständig in dem Netz, das er mir über den Arm gehängt hatte, verheddernd, barfuß mit dem kläglichen Ruf »Warte!« durch das taunasse Gras hinter ihm her.

Für Besucher und Gäste war unser ziemlich morscher, undichter Kahn nicht gerade ein behagliches Plätzchen, zumal man auf dem glitschigen Boden leicht ausrutschen konnte. Uns störte es nicht. Wie mein Bruder strengte ich mich an, beim Rudern möglichst wenig Geräusche zu machen. Begleitet von dem schmetternden Gesang des Rohrspatzes und dem dumpfen Ruf der Rohrdommel, glitten wir fast lautlos über den See. Er war noch von einem leichten Dunst wie von Hauchpapier bedeckt, und keine Welle kräuselte sich. Die Sonne hatte sich gerade erst auf den Weg gemacht und die durch die Eichen schimmernde Frühgerste in ein rötliches Licht getaucht. Wir ruderten an einem Teppich von Seerosen vorbei, auf deren Blättern ein behäbiger Frosch saß und nach kurzem Blickwechsel mit einem »Quak« ins Wasser sprang. Die Seerosen waren eine wahre Pracht, aber es war uns streng verboten, sie zu pflücken und in eine Vase zu stecken, weil Mamsell behauptete, sie brächten den Tod ins Haus. Dem sah man aber eher ins Auge, wenn man ihnen beim Schwimmen leichtsinnigerweise zu nahe kam und sie einen wie Seejungfrauen so fest umschlangen, dass man sich kaum wieder von ihnen befreien konnte.

Die Ausbeute der Reusen war spärlich. Nur in einem der Aalkörbe rappelte es fürchterlich, und als mein Bruder den Korb anhob, kam ein armdicker Aal ans Tageslicht. Wir waren so aufgeregt, dass der Kahn ins Kippeln kam, aber wir schafften es dann doch, den Aal in den Kescher zu bugsieren. Wir steckten ihn nicht wie üblich erst in den Fischkasten, sondern brachten ihn gleich in die Küche, wo Mamsell gerade dabei war, das Frühstück zu richten. Natürlich mussten sich auch die Eltern dieses Prachtexemplar unbedingt ansehen. Mein Vater war des Lobes voll. »Das hast du gut gemacht, mein Junge. Mir läuft schon jetzt das Wasser im Mund zusammen.«

»Mir nicht«, sagte Mutter und sah mit leichtem Ekel auf den sich windenden Aal. Vater bot sich an, ihn zu töten, was Mamsell sichtlich erleichterte.

Vor dem Mittagessen versammelten wir uns alle in der Küche, um uns zu überzeugen, dass der Aal nun auch wirklich tot war. Und Gott sei Dank, er regte sich nicht mehr. Mamsell hatte einen kräuterduftenden Sud hergestellt, ließ den Aal zum Sieden hineingleiten und schloss den Deckel. Einem gelungenen Mittagessen schien nichts mehr im Wege zu stehen. Mamsell erklärte Vater gerade die für das Gericht vorgesehene Kräutersoße, als es im Topf zu rumoren begann und der Deckel sich hob. Die Mädchen schrien, Möpschen schoss aus der Küche, und auch wir wichen respektvoll vom Herd zurück.

»Das Tier wird uns doch wohl nicht den Appetit verderben!«, sagte Vater, aber es lag auch Bewunderung in seiner Stimme.

Doch genau das tat es. Ich starrte auf die mir zugedachte Portion und fühlte bereits im Voraus, wie mein Magen reagieren würde. Den anderen schien es ähnlich zu gehen. Nur Vater griff herzhaft zu und prophezeite meinem Bruder großes Anglerglück. Vielleicht gelinge es ihm ja sogar, den Nöck zu fangen oder zumindest ein Kind von ihm.

Meine in Gang gesetzte Phantasie sah den kleinen Nöck mit seinen Froschfüßchen schon wimmernd und klagend in einer Reuse sitzend. Ich bekam eine Gänsehaut.

»Iss, Kind, iss!«, sagte Vater.

Von Mücken und Menschen

Heile, heile Gänschen, es wird schon wieder gut. Das Kätzchen hat ein Schwänzchen, heile, heile, Mäusespeck, in hundert Jahr'n ist alles weg.

Nach wie vor gefiel es mir, auf Mamsells Schoß zu sitzen und von ihr getröstet zu werden, obwohl ich doch schon das schwierige Wort »Der Luchgrabenschaudirektor« auf der Tafel an der Kornhorstbrücke lesen konnte. Ich nahm den Daumen aus dem Mund und betrachtete mit wissenschaftlichem Interesse, wie mein mageres rechtes Knie anschwoll, denn der Schmerz war durchaus erträglich. An meiner Blessur war Mamsell nicht ganz schuldlos. Sie hatte mich in den Keller beordert, um neue Weckgläser zu holen. Begleitet von Möpschen, hatte ich mich gehorsam, wenn auch maulend, auf den Weg gemacht, war auf einer glitschigen Erdbeere ausgerutscht und die Treppe hinuntergefallen, nicht zum ersten Mal übrigens. Zwar hatte Möpschen mir tröstend das Gesicht geleckt, sich aber dann doch schnell verzogen in der nicht immer ganz unberechtigten Befürchtung, dass man ihm wieder die Schuld geben würde. Heulend war ich in die Küche gehumpelt, um Mamsell mit anklagender Stimme von meinem Missgeschick zu berichten. Dann kam Mutter, machte mir einen Umschlag mit essigsaurer Tonerde, und ich musste mich hinlegen, denn sie witterte bereits eine Gehirnerschütterung. »Ist dir auch wirklich nicht schwindlig oder übel?« Aber mein Kopf hielt eine Menge aus und gab keinerlei Signale von sich, dass er gelitten haben könnte. Trotzdem wurde mir ein nasser Lappen auf die Stirn und einer ins Genick gelegt, das Zimmer verdunkelt und mir aufgetragen, mich möglichst ruhig zu verhalten. Auch fiel für mich der morgige Ausflug in den Berliner Zoo ins Wasser, was niemanden allzu sehr erstaunte, denn es war eher die Regel als die Ausnahme, dass ich unmittelbar vor lange geplanten Amüsements irgendetwas »hatte«. Ich fiel vom Heuboden, trank auf Kirschen Wasser, verstauchte den Knöchel oder bekam Grippe.

Da die Familie früh aufbrechen wollte, wurde meine Schwester, die mit mir das Zimmer teilte, ermahnt, leise zu sein und mich nicht zu wecken. Sie tat es, wenn auch ungern, und streckte mir nur die Zunge heraus, bevor sie aus dem Zimmer hüpfte. Meine Mutter, die kurz vor der Abfahrt noch einmal nach mir sah, war erleichtert, dass ich noch alle meine fünf Sinne beisammen hatte und das Knie abgeschwollen war. Sie verabschiedete sich mit einem liebevollen Kuss und ermahnte mich, vernünftig zu sein.

Kaum hatte ich die Haustür hinter der Familie zuklappen und den Wagen davonrollen gehört, sprang ich voller Tatendrang aus dem Bett und ging in die Küche, wo ein kräftiges Frühstück auf mich wartete. Sogar die Haut auf dem Kakao hatte Mamsell sorgsam entfernt. Ich langte ordentlich zu, und Mamsell, die der Meinung war, Mutter sei überängstlich mit uns, denn Unkraut vergehe nun mal nicht so schnell, meinte: »Der Appetit scheint ja nicht gelitten zu haben, und mit dem Laufen geht es auch recht flott.« Ich ahnte schon, worauf diese Feststellung hinauslaufen sollte, denn eines der Mädchen hatte Urlaub, und Mamsell war auf der Suche nach helfenden Händen. Ich legte deshalb das Messer aus der Hand und griff mit einer Leidensmiene nach meinem Kopf. »Ich glaube, ich geh jetzt wieder ein bisschen ins Bett.«

Aber Mamsell hörte gar nicht zu, sondern fragte, was ich lieber tun wolle, Kartoffeln abkeimen, Wäsche legen, Rhabarber aus dem Garten holen und schälen oder Messer putzen. Letzteres tat ich ganz gern, aber dieser herrliche Tag, an dem ich endlich mal wieder ganz allein zu Haus sein konnte, war mir viel zu schade dafür. Ich murmelte etwas von »die Liese auf die Koppel lassen«, das habe mir Vater extra aufgetragen. Mamsells Hinweis, da sei sie doch schon längst, überhörte ich geflissentlich und verzog mich mit betontem Humpeln aus der Küche. Es schien heute entschieden ratsam, sich von dort fern zu halten. Wer weiß, auf was für Ideen Mamsell sonst noch kam. So beschloss ich, zu Frau Trägenapp zu gehen, in der Hoffnung, eine Flasche Malzbier von ihr spendiert zu bekommen. Die Chancen dafür standen immer gut, wenn man die Geduld aufbrachte, sich zum x-ten Mal die Geschichte ihrer Reise nach Königs Wusterhausen anzuhören.

Wie für fast alle im Dorf war auch für Frau Trägenapp lange Zeit Rathenow die einzige Stadt, die sie kannte. Aber dann machte sie sich eines Tages zu unser aller Erstaunen auf den Weg, um eine Kusine in Königs Wusterhausen zu besuchen, eine Expedition, die das ganze Dorf beschäftigte. Der Milchwagen nahm sie bis zur Kleinbahn mit, und alle bangten, ob wir sie je wieder sehen würden. Das taten wir schneller als gedacht. Vom Heimweh überwältigt, kam sie noch am selben Abend zurück, zu Fuß von Rathenow, denn die Kleinbahn fuhr nicht mehr. Doch auch die wenigen Stunden, die sie in Königs Wusterhausen verbracht hatte, boten nicht enden wollenden Gesprächsstoff. Sie hatte das Schloss Friedrich Wilhelms I. bestaunen können, wenn auch nur von außen, die Enten auf dem Nottekanal gefüttert, die hohen Masten des Rundfunksenders betrachtet und, Wunder aller Wunder, den Zeppelin gesehen!

»Gegen Königs Wusterhausen«, schloss Frau Trägenapp wie stets ihren Bericht, »ist Rathenow, sagt Mamsell immer, die reinste Kuhpleeke.«

»Aber da ist doch die Konditorei Smolinsky und das Kaufhaus Konitzer«, wandte ich pflichtgemäß ein.

»Oh, die«, sagte Frau Trägenapp wegwerfend und spendierte mir nicht nur die verdiente Flasche Malzbier, sondern auch ein großes Stück Marmorkuchen.

Zufrieden vor mich hin rülpsend, trottete ich nach Haus. Ziel war die Veranda. Doch kaum hatte ich mich dort gemütlich niedergelassen, waren sofort die Mücken zur Stelle, die sich in diesem Jahr besonders hartnäckig zeigten. Vater behauptete immer, sie hätten ebenso wie unsere Familie alles überlebt, Pest und Cholera, die Askanier, den Dreißigjährigen Krieg und die Hohenzollern, und wären deshalb eigentlich auch viel passender für unser Wappen als der Steinbock. Sie habe es schon gegeben, als im Mittelalter ein Geschütz, die Faule Grete genannt, die Burg in Friesack beschoss. Wir hatten uns an diese Plage gewöhnt und nahmen ihre Stiche stoisch hin, im Gegensatz zu manchem Gast. »Wie haltet ihr das nur aus?«

»Leben und leben lassen«, sagte Vater dann immer und schnippte sich ungerührt gleich mehrere dieser Viecher vom Handrücken.

Aber heute teilte ich mehr die Ansicht der Gäste und beschloss, mich ins Kinderzimmer zu verziehen. Doch im Flur lief ich Mamsell in die Arme, die mich fragte, ob ich nicht Lust hätte, den Teig für die Sandtorte zu rühren. »Du darfst auch die Schüssel auslecken.« Damit hatte sie mich überredet. Aber nach einer halben Stunde erlahmten nicht nur meine Kräfte, sondern ich hatte so viel von dem Teig genascht, dass ich auf das Auslecken der Schüssel gut verzichten konnte. Mamsell ließ mich laufen.

Ich trollte mich, nicht ohne ein Stück des frisch gebackenen Prasselkuchens vom Blech mitzunehmen. Um mich so weit wie möglich aus der Gefahrenzone zu begeben, machte ich mich auf den Weg in den Wald, wo Agnes Heidepriem mit dem Durchhacken der jungen Kiefernpflanzen beschäftigt war. Doch kurz vor Trägenapps Haus entdeckte ich plötzlich am Himmel, was ich bisher nur von Bildern kannte: den Zeppelin.

Auch Frau Trägenapp hatte ihn bemerkt, und wir rannten zu Mamsell, die aus dem Haus stürzte, um ihn sich anzukucken. Alles, was Beine hatte, versammelte sich auf der Dorfstraße und starrte in den Himmel, an dem das mächtige Luftschiff lautlos dahinzog, über Koppeln und Luch, bis es schließlich am Horizont verschwand. Inzwischen nutzte Möpschen die Gunst der Stunde und machte sich über den Prasselkuchen her, was ihm in jeder Hinsicht nicht sehr gut bekam. Mamsell holte den Teppichklopfer, und ihm wurde sichtlich sehr schlecht, denn er lag den Rest des Tages nur noch schwer atmend und vor sich hin jaulend unter dem Flieder.

Gegen Abend kam die Familie aus Berlin zurück. Meine liebenswürdige Schwester erzählte mir sogleich, was ich alles verpasst hatte: spuckende Lamas, kreischende Papageien, trompetende Elefanten, brüllende Tiger und Löwen und Hirsche und Rehe, die sie gefüttert hatten.

»Wie schön für dich«, sagte ich mit falschem Lächeln, so, als ob ich es ihr von Herzen gönnte. Meine Reaktion machte sie stutzig.

»Was grinst du so blöd?«

»Zankt euch nicht«, sagte Mutter automatisch und wollte wissen, ob es bei uns etwas gegeben habe.

»Wir«, sagte ich mit vor Triumph fast überschnappender Stimme, »wir haben den Zeppelin gesehen.«

Meine Schwester tippte sich an die Stirn. »Das glaubst du ja wohl selbst nicht.«

Ich suchte Beistand bei Mamsell. Sie bestätigte es,

und auch Frau Trägenapp nickte. »Aber«, sagte sie, »als er über Königs Wusterhausen flog, hat mir Kapitän Eckener zugewinkt.«

»Ätsch!«, sagte meine Schwester.

Kartoffeln mit Stippe

Das märkische Nationalgericht ist ein sparsames Essen, zum Sattwerden. Doch mit guten Zutaten wird es zur Delikatesse. In der Sparversion gab's natürlich keine Butter, und statt Fleischbrühe kam Wasser an die Stippe!

Am besten schmecken neue Kartoffeln – sie wurden in der Schale gekocht, als Pellkartoffeln. Im Winter und Frühling, wenn die Winterkartoffeln schrumpelig wurden und auszukeimen begannen, wurden sie geschält und als Salzkartoffeln serviert.

Zutaten für 4 Personen:

1,2 kg Kartoffeln (mehlig kochende wie Bintje oder Aula)
Salz
150 g Magerspeck (durchwachsener Speck)
2 Zwiebeln
2 EL Butter
2 gestrichene EL Mehl
1/4 l Fleischbrühe
1/4 l Milch
1/8 l Sauerrahm (20 % Fett)
Pfeffer aus der Mühle
frisch geriebene Muskatnuss
ein Schuss Essig
3–4 EL Schnittlauchröllchen

Die Kartoffeln waschen, wenn sie alt sind, schälen, sonst in der Schale in wenig Wasser mit Salz garen.

Den Schinkenspeck und die geschälten Zwiebeln in kleine Würfel schneiden. Den Speck in der Butter glasig angehen lassen, die Zwiebeln zugeben und rösten, bis sie Farbe annehmen. Dann das Mehl darüber stäuben und goldgelb schwitzen. Den Topf vom Herd nehmen, mit dem Schneebesen nach und nach die kalte Brühe und die kalte Milch unterschlagen. Etwas Pfeffer und Muskatnuss zufügen. Dann bei kleiner Hitze die Soße eine Viertelstunde leise kochen lassen, dabei ab und zu umrühren. Zum Schluss den Sauerrahm unterziehen, weitere 5 Minuten köcheln und mit Salz und Essig abschmecken. Die Kartoffeln, wenn nötig, pellen und in der Stippe anrichten. Mit Schnittlauchröllchen bestreuen – wenn es sie gerade gibt.

Der Regenmacher

In diesem Jahr schien der Sommer geradewegs aus Afrika zu kommen. Bereits Anfang Juli war es unerträglich heiß. Die Luft flimmerte über dem Luch, im Sand verbrannte man sich fast die nackten Sohlen, und sogar die Hühner zogen vor, ihr Staubbad im Schatten zu nehmen. Rosen, Rittersporn, Phlox und Schwertlilien mahnten uns täglich mit hängenden Köpfen, das Gießen nicht zu vergessen. Und wie gewohnt sagte Vater jeden Abend: »Fangt schon mal an, ich komme gleich.«

»Gleich« bedeutete bei Vater meist irgendwann, was Mutter rasend machte, besonders, wenn das Mittagessen auf dem Tisch stand. Gott sei Dank waren die jungen Meisen in der Pumpe inzwischen flügge geworden, und wir mussten das Wasser nicht mehr vom Hof herbeischleppen.

Vater klopfte alle Augenblicke gegen das Barometer, dessen Zeiger sich aber nicht von der Stelle rührte, und war voller Optimismus, sobald sich nur ein Wölkchen am Himmel zeigte. »Ich sage euch, über dem Witzker See zieht sich was zusammen.«

Das Gras begann sich schon gelb zu färben, und ein heftiger Ostwind sorgte dafür, dass sich der märkische

Sand gut im Haus verteilte. So oft wie möglich flüchteten wir zum See, und sogar Mamsell nahm hin und wieder ein Bad, für sie ein eher zweifelhaftes Vergnügen, dank Möpschen, der sich, sobald sie zu schwimmen begann, in dem Wahn, seine gütige Ernährerin sei am Ertrinken, vor Aufregung japsend in die Fluten stürzte und versuchte, sie aus dem Wasser zu ziehen.

Noch herrschte Ruhe im Beritt, wie Vater sich ausdrückte. Noch hatten die Sommerferien nicht begonnen, noch tobten nicht Kinder jeden Alters durchs Haus, und Mutter brauchte nicht zu befürchten, dass es womöglich so unverzeihliche Kränkungen gab wie im letzten Jahr, als die lärmende Schar beim Indianerspiel Mamsell, die sie in die Beete zum Bohnenpflücken scheuchen wollte, mit den Worten begrüßte: »Was will das Bleichgesicht in unserem Kreis?« Noch wurde niemand von uns um- und ausquartiert, und Vater musste sich nicht um sein kostbares Beil sorgen, weil wieder irgendjemand es verschleppt hatte.

Der einzige Gast in dieser Zeit war Onkel Fips. Er eröffnete traditionsgemäß den Reigen der Sommerbesucher. Onkel Fips war ein anspruchsloser, zufriedener, in sich ruhender Mensch, der selbst Gerichte wie Brotsuppe oder Steckrüben superb nannte. Er war durch so gut wie nichts aus der Fassung zu bringen, weder durch Mücken oder Bremsen noch gar durch eine Hornisse, die sich in seinen Schuh verirrt hatte. Als mein Bruder ein Glas umwarf und der Rotwein auf die neue Leinenhose des Onkels tropfte, sagte er nur nachsichtig: »Musst nicht, mein Junge.« Und das war bereits das Äußerste an Ermahnung, was er sich gestattete.

Onkel Fips war seinem Schicksal ständig dankbar. »Ich danke meinem Schicksal, dass ich einen früheren Zug genommen habe. Der danach hatte eine Stunde Verspätung, und ich hätte die Kleinbahn nicht mehr bekommen.«

Er dankte seinem Schicksal, dass sein ziemlich betagter Hausarzt gerade im Urlaub war, als er starke Bauchschmerzen bekam und seine Vertretung ihn schleunigst ins Krankenhaus einwies, wo man ihm den entzündeten Blinddarm entfernte. »Der alte Trottel hätte doch bestimmt wieder nichts gefunden und mir wie immer nur Bullrichsalz verordnet.«

Er, der notorische Junggeselle, dankte dem Schicksal, dass es ihn zweimal daran gehindert hatte, sich in einen Ehemann zu verwandeln. Einmal war ihm ein anderer Verehrer zuvorgekommen, ein andermal hatte die Putzfrau vergessen, seinen Brief zur Post zu bringen, in dem er den Vater der Erwählten formvollendet um die Hand seiner Tochter bat. Zu seiner Erleichterung fand er den Brief auf dem Küchentisch, und die Putzfrau war höchst erstaunt, dass sie anstatt einer Strafpredigt einen Geldschein bekam. Doch am dankbarsten war er dem Schicksal für Murkel, ein zunächst von ihm ziemlich skeptisch betrachtetes Geschenk seiner Nachbarin, die den Welpen loswerden wollte. Aber Murkel, ein Hund undefinierbarer Rasse, entwickelte sich nach Onkel Fips' Aussage zu einem wahren Wunder an Intelligenz, Wachsamkeit und Instinkt. Er konnte die Zeitung holen, hatte bereits einen Einbrecher in die Flucht geschlagen, einen Brand in der Küche rechtzeitig bemerkt und ein verloren gegangenes Kleinkind wiedergefunden.

Onkel Fips sagte sich grundsätzlich schon ein halbes Jahr vorher an, in Sorge, ein anderer Gast könne ihm diesen Termin streitig machen. Der Onkel liebte nun mal die Ruhe, und allzu viele Menschen waren ihm ein Gräuel. Selbstverständlich wurde er von seinem Hund begleitet, von dem er sich nie trennte, was nicht allen Gastgebern gleichermaßen gefiel, denn auch der sonst eher unauffällige Murkel hatte so seine Tricks. Er öffnete mühelos jede Tür und hatte sich angewöhnt, nachts durchs Haus zu tigern und in den Schlafzimmern aufzutauchen, wobei er kleine seufzende Klagetöne von sich gab, für zarte Gemüter eine gruselige Erfahrung. Wir waren da nicht so empfindlich und zu sehr an Nachtgeräusche jeder Art gewöhnt, wobei Möpschens gewaltiges Schnarchen jedes Käuzchen, jeden Uhu, ja, sogar den wilden Schrei eines kämpferischen Hirsches in der Brunftzeit, also auch Murkels sanfte Seufzer, mühelos übertönte. Wir fanden Murkel pflegeleicht, und auch Möpschen hatte nichts gegen ihn einzuwenden, vorausgesetzt, er respektierte seinen Futternapf.

An einem dieser schwülen Sommertage, von denen Vater mal wieder optimistisch behauptete, der Regen liege förmlich in der Luft – wo er dann auch blieb –, reisten Herr und Hund an.

Verblüfft starrten wir auf Murkel.

»Himmel!«, rief Vater. »Wie sieht der denn aus? Den kannst du ja als Hungerkünstler vermieten!«

Onkel Fips reagierte gekränkt. »Der Hund war sehr, sehr krank. Das habe ich euch doch geschrieben.«

»Hast du«, entschuldigte sich Vater. »War mir ganz entfallen. Aber, ehrlich gesagt, auf eine Art indische Miniaturkuh war ich nun doch nicht gefasst.«

Mutter warf ihm einen warnenden Blick zu. »Wie lieb er schaut. Sicher hat er Hunger, der Arme. Los, Kinder, bringt ihm was zu fressen.«

Trotz der Hitze hatte sich Mamsell angestrengt und ließ uns gebratene Hähnchen mit Gurkensalat und als Nachtisch Stachelbeergrütze mit Vanillesoße servieren. Bei Tisch drehte sich das Gespräch ausschließlich ums Wetter, und Vater malte uns in düsteren Farben aus, was diese frühzeitige Dürre für den Wald nach sich ziehen werde.

Nachts schien es Vater so, als habe es geblitzt und als sei ein ferner Donner zu hören gewesen. Er stand auf und tappte im Dunkeln hoffnungsfroh auf die Veranda, um nach dem Wetter zu sehen. Dabei stolperte er über den herumgeisternden Murkel, der einen wehen Laut von sich gab und ihn aus seinen tief liegenden Augen vorwurfsvoll anstarrte. Vater flüchtete ins Bett zurück. Mutter wollte wissen, was passiert war. »Ich bin einem Skelett begegnet«, sagte Vater, »und das tut man schließlich nicht jeden Tag.«

Zu unserer Erleichterung zeigte sich Murkel tagsüber eher phlegmatisch, verließ kaum die Veranda und schaute sich höchst selten auf dem Hof um, wobei er

Hühner und Enten jedes Mal aufs Höchste erschreckte, und sogar Liese galoppierte bei seinem Anblick auf der Koppel in Panik davon. Doch das Ungewohnte wird bald alltäglich, und wir beachteten das wandelnde Knochengerüst kaum mehr. Bis Murkel sich an einem Sonntag merkwürdig schwankend auf der Veranda einfand, einen Augenblick stehen blieb, uns anstarrte, dann umfiel – es klang, als wenn man einen Korb Holz ausschüttete – und leblos liegen blieb. »Nu is er hin«, sagte Vater, der, wenn ihm etwas an die Nieren ging, taktlos wurde. Mutter holte das Riechsalz herbei, ein damals bewährtes Mittel für bleichsüchtige, leicht in Ohnmacht fallende junge Mädchen, und hielt es Murkel unter die Nase. Doch der gab keinen Mucks von sich. Onkel Fips hatte sich neben ihn gekniet und streichelte ihn. »Musst nicht, Junge«, sagte er mit bebender Stimme. Aber Vater tröstete ihn: »Noch ist Polen nicht verloren. Sein Herz schlägt recht kräftig. Vielleicht ist es ja nur ein kleiner Schwächeanfall.«

Sie beschlossen, den Hund an den kühlsten Ort im Haus zu bringen, in den Keller. Vater trug ihn hinunter und legte ihn, vor sich hinmurmelnd: »Jetzt weiß ich, was ›Blei in den Knochen‹ bedeutet«, auf einen Kartoffelsack. Alle halbe Stunde wurde einer von uns in den Keller geschickt, um nach Murkel zu sehen. Aber sein Zustand blieb unverändert. Wir lenkten uns ein wenig ab, spielten »Mensch ärgere dich nicht« und gerieten uns traditionsgemäß in die Haare. Vater behauptete gerade, so wie an diesem Abend sei noch nie gemogelt worden, da hörten wir etwas wie ein merkwürdiges

Niesen. Wir beugten uns über die Verandabrüstung und erblickten Murkel, der mit schief geneigtem Kopf pomadig zu uns hinaufsah. Er trottete zur Treppe, nahm die Stufen recht flott und ließ sich mit einem Gähnen zu Onkel Fips' Füßen fallen.

Lange rätselten wir, was dem Hund wohl passiert sein könnte. Eine Herzattacke? Ein kleiner Schlaganfall? Unterernährung? Mamsell fühlte sich in ihrer Ehre getroffen. Noch nie hatte es so etwas gegeben, dass ein Gast, und sei es auch nur ein Hund, unter ihrem Regime den Hungertod gestorben war. Sie tat alles, um dieses Knochengerüst wieder mit etwas Fleisch zu bedecken. Als Erstes forderte sie von meinem Bruder eine seiner Tauben, was er nicht abzulehnen wagte, weil Mamsell so manches wusste, wovon die Eltern keine Ahnung hatten. Sie kochte Murkel ein richtiges Krankensüppchen, zusätzlich noch angereichert mit Zwiebackklößen. Sie beschnitt Möpschens Buttermilchration, brockte in Murkels Portion Reste von Dampfnudeln und fütterte ihn mit Grießschnitten und Rindfleischklößchen. Um Murkels angegriffene Nerven zu stärken, schmuggelte sie ihm einen Schuss mit Zucker versüßten Veilchenessig, den uns Tante Herta hinterlassen hatte, unter sein Fressen. Tatsächlich wurde Murkel zusehends munterer, und wer genau hinsah, konnte sogar ein kleines Bäuchlein entdecken.

Unser Gast bedankte sich dafür auf seine Weise. Eines Nachts hörten wir aus dem Garten ein fürchterliches Bellen. Vater ging nach draußen, um nach dem Rechten zu sehen. Mitten auf dem Rasen stand Murkel und bellte und bellte. Vater konnte nicht entdecken, warum. Während er noch darüber nachdachte, begann sich der Himmel zu beziehen: Bald darauf fielen die ersten Tropfen eines sanften, gleichmäßigen, ruhigen Regens, der drei Tage anhielt. Für Onkel Fips war es sonnenklar, wem wir dieses Wunder zu verdanken hatten. In Afrika schlugen sie die Trommeln und tanzten, um den Regengott gnädig zu stimmen, und Murkel hatte dasselbe durch sein Bellen erreicht. Vater ließ ihn in dem Glauben, obwohl er annahm, dass es eher Trägenapps Katze gegolten hatte, die sich gern in unserem Garten herumtrieb.

Nach Onkel Fips' Abreise entdeckte Mutter im Gastzimmer ein halb unter den Teppich geschobenes völlig zerkautes Tütchen, dessen Aufschrift nur noch mit Mühe zu entziffern war: Veronal.

»Von wem stammt denn das? Doch nicht etwa von Herta?«, fragte Mutter erstaunt.

»Die Liebe und der –«, begann Vater.

»Schon gut«, sagte Mutter.

Lange Fädchen, faule Mädchen

Mutter besaß eine Begabung, uns Dinge, die ihr für unsere Entwicklung wichtig erschienen, schmackhaft zu machen. So hatte sie es zum Beispiel einmal auf die unser Verantwortungsgefühl fördernde Pflege eines eigenen Stückchens Erde abgesehen und schilderte uns in glühenden Farben, wie sehr sie sich als Kind einen eigenen kleinen Garten gewünscht habe, mit wunderschönen Blumen und, da ihr unsere Gier nach Süßem nicht unbekannt war, voller riesiger süßer Erdbeeren und Himbeeren. Aber niemals sei ihre flehentliche Bitte erhört worden.

Wir waren gleich Feuer und Flamme und wollten unbedingt jeder ein Beet für sich haben, verschwendeten aber natürlich keinen Gedanken daran, wie viel Arbeit das bedeutete. Sofort begaben wir uns zu Vater und lagen ihm mit unserem Wunsch in den Ohren. Er zeigte sich ebenso überrascht wie skeptisch und erinnerte uns an unser ständiges Lamento, wenn es ums Gießen ging. Aber gut, warum nicht. Darüber lasse sich durchaus reden.

Mit großem Eifer machten wir uns ans Werk und steckten erst einmal ein Stück Garten ab. Mutter konnte nicht umhin, Vater einen triumphierenden

Blick zuzuwerfen. Der sah sie nachdenklich an. »Einen eigenen Garten? Das ist ja das Allerneueste! Du hast doch noch nie Interesse für Gartenarbeit gezeigt.«

»Ich hasse sie.« Summend ging Mutter ins Haus zurück.

Unsere Begeisterung bekam bereits den ersten Dämpfer, als Vater, der viel von muskelstärkender Tätigkeit hielt, uns aufforderte, die Beete umzugraben, und wir im Kampf mit den kräftigen märkischen Quecken, die sich wie überdimensionale Regenwürmer durch das Erdreich schlängelten und bereits beim ersten Spatenstich zum Vorschein kamen, bald Blasen an den Handflächen davontrugen. Dann mussten die Beete mit Mist versorgt werden, was sich als ebenso mühsam erwies. Mehr Spaß machte uns dagegen das Säen und Pflanzen, wenn wir auch des Guten zu viel taten, so dass sich alles beim Sprießen gegenseitig in die Quere kam. Noch zeigten wir viel Schwung. Entzückt über die praktische Bereicherung des Biologieunterrichts, ließ Lehrer Scheel meine Geschwister einen Aufsatz über das Thema »Ich lege ein Beet an« schreiben und erhielt zwei sachkundige, gelungene Arbeiten, war allerdings von den vielen orthographischen Fehlern leicht erschüttert.

Wie Vater vorausgesehen hatte, verloren wir danach schnell die Lust und waren immer weniger bereit, Unkraut zu zupfen und Pflanzen durchzuhacken und zu gießen, so dass die Beete bald versteppten und sich Agnes Heidepriem ihrer annehmen musste, um sie wieder in vernünftiges Gartenland zu verwandeln.

Als Nächstes versuchte Mutter, die geschickt mit der Nadel umgehen konnte, meine Schwester und mich dazu zu bringen, unsere Puppenkleider selbst zu nähen. Um uns den Mund wässrig zu machen, erzählte sie uns, wie sie mit einem für ihre Käthe-Kruse-Puppe selbst geschneiderten Abendkleid den ersten Preis in einem Wettbewerb gewonnen und dafür eine Puppentruhe voller Konfekt bekommen hatte. Sie machte so viel Grün um die an sich belanglose Geschichte, dass wir es gar nicht abwarten konnten, es ihr gleichzutun. Sogar mein Bruder versuchte sich, sehr zum Entsetzen meines Vaters, an einem Nachthemd für seinen Teddy, obwohl er ihn nur noch hin und wieder mit ins Bett nahm, um ihn genüsslich zu dergeln. Vater, der noch sehr altmodische Vorstellungen davon hatte, womit Jungen spielen sollten und womit nicht, brachte ihm daraufhin zu unser aller Verblüffung aus Berlin einen Stabil-Baukasten mit, ein Geschenk, das eher auf den Weihnachtstisch gehörte.

Leider muss gesagt werden, dass unsere Begeisterung fürs Schneiderhandwerk sehr schnell erlahmte. Der Spruch »Lange Fädchen, faule Mädchen« schien wie eigens für uns erdacht, und so verhedderten wir uns beim Umsäumen in Schlingen oder produzierten Knoten. Auch gingen die von Mutter spendierten hübschen Fingerhüte und das aparte Nadelkissen sehr schnell verloren, und die Stickschere war unauffindbar. Mutter nahm betrübt unser wachsendes Desinteresse zur Kenntnis, blieb aber, wie alle Mütter, unbelehrbar und deshalb fest davon überzeugt, dass versteckte Talente in uns schlummerten, die es zum Nutzen unserer Entwicklung zu wecken galt.

Sie konzentrierte sich erst einmal auf meine Schwester, deren zeichnerische Begabung sie phänomenal nannte, nachdem sie von ihr zum Geburtstag mit einer Zeichnung überrascht worden war, die, wie sie fand, es durchaus mit Dürers Hasen aufnehmen konnte, der selbstverständlich auch in unserem Kinderzimmer hing. Das von meiner Schwester aufs Papier gebrachte Konterfei dieses Tieres war zwar nur von hinten zu sehen, weil wir von Vater gelernt hatten, dass Katzen und Hasen sich so am leichtesten zeichnen ließen, und besaß abnorm lange Ohren, aber Mutter meinte, es komme weniger auf Ähnlichkeit an als auf das, was ein Bild ausdrücke. Und in diesem Fall sei das eine außerordentliche Melancholie. Vater sagte, melancholisch wäre er an Stelle des Hasen auch, wenn man ihn auf diese Weise zeichnete, räumte dann aber ein, dass das ganze Drum und Dran, die hohen Tannen, sich bauschende Wolken und ein kleines Häuschen, wirklich ganz passabel anzusehen sei. Mutter redete so lange auf meine Schwester ein, bis sie sich tatsächlich als eine Nachfahrin des berühmten Malers fühlte und, anstatt mit uns zum Baden zu gehen, den ganzen Tag vor sich hin kritzelte und pinselte. Erst einige hämische Bemerkungen meines Bruders über ihre Kunstwerke brachten sie wieder auf die Erde zurück. Es gab eine wüste Prügelei, wonach die beiden einträchtig mit ihren Angeln abzogen und Buntstifte, Tuschkasten und Pinsel im Schrank verschwanden.

In diesem Sommer schürfte Mutter nicht nach verborgenen Talenten bei uns. Diesmal hatte sie es auf Mamsells Weiterentwicklung abgesehen und bot alles auf, um sie endlich davon zu überzeugen, dass Konservendosen fortschrittlich und für Gemüse genauso geeignet seien wie Weckgläser. Doch Mamsell ließ sich von ihr nicht so schnell gewinnen wie wir. Grundsätzlich lehnte sie erst einmal alles ab, was sie nicht kannte und deshalb nicht wollte. Sie allein entschied in ihrem Bereich, was nützlich und was unnütz war, da konnte Mutter ihre Argumente noch so überzeugend vorbringen. Was nicht hieß, dass sie ihre Meinung nicht irgendwann änderte, wie bei dem Messerputzer der Weltmarke Kobold, dem Waffeleisen und Liebigs Fleischextrakt, alles inzwischen unentbehrlich für sie. Mutter tat natürlich dann stets, als wären diese Neuerungen allein Mamsells Idee gewesen. Nur Mutters Vorschlag, unsere ziemlich mickrigen, aber süßen blauen Weintrauben, die am Schweinestall wuchsen, zu trocknen und als Korinthen zu verwenden, lehnte sie weiterhin strikt ab, genau wie die Konservendosen.

Doch dieses Thema wurde wieder brandaktuell, als wir uns alle auf der Veranda zum Erbsenauspalen eingefunden hatten, einschließlich einer wenig beliebten Tante, die gar nicht genug den Kopf darüber schütteln konnte, dass Mamsell grundsätzlich nur Weckgläser verwendete. »Habt ihr denn noch nie etwas von diesen wundervollen Dosen gehört?« Sie tat, als lebten wir noch hinter dem Mond, und das konnte Mutter nun nicht auf sich sitzen lassen. Sie begab sich stante pede in die Küche, obwohl es kurz vor dem Mittagessen war und Mamsell zusätzlich alle Hände voll mit Einwecken zu tun hatte, also in einem an sich äußerst unglücklichen Moment. Mamsell hatte gerade Möpschen aus der Küche gejagt, weil er die Kröte, die er gern ein wenig neckte, mal wieder besabberte, einem Ferienkind, das ausgerechnet über einer Stachelbeerkaltschale seine Pusteblumen ausprobierte, eins auf die Finger gegeben und den Schaden beseitigt, der durch ein gerissenes Seihtuch entstanden war, so dass der Johannisbeersaft nicht in eine Schüssel tropfte, sondern auf den Küchenboden. In Dampf gehüllt, stand sie vor dem Herd und war schwer atmend dabei, den Wecktopf herunterzuheben, als Mutter von den Konservendosen anfing. Mamsell war viel zu erschöpft, um sich wie üblich zu wehren. Sie hörte nur halb hin, sagte resigniert: »Meinetwegen. Von mir aus, Frau Gräfin, wenn Sie es durchaus wollen«, und wandte sich den Kartoffeln zu.

Ziemlich verblüfft über diesen schnellen Sieg, verließ Mutter die Küche, wartete aber vorsichtshalber noch ein paar Tage, ehe sie die bereits vor langem gekauften Dosen einweihen ließ. Jetzt, wo Mutter sich durchgesetzt hatte, war es ausgerechnet jene Tante, die uns einen ganzen Abend lang anschaulich schilderte, was alles passieren konnte: Das Blech rostete leicht, das Gemüse schimmelte, oder es bildeten sich andere Gifte – bis Vater aufstand und meinte, bei solchen interessanten Gesprächen wolle er die Damen nicht stören. Er für seine Person gehe jetzt zu Bett.

Nachdem sich eine stattliche Anzahl von Gemüsedosen im Keller gesammelt hatte, geriet das Dosenthema in Vergessenheit, und Mamsell konzentrierte sich ganz auf die Herstellung von Gelee, Marmelade, Saft und Kompott.

Doch dann weckte uns eines Nachts ein dumpfes »Wumm«.

»Feuer einstellen!«, rief Vater schlaftrunken und tastete nach den Streichhölzern.

Er ging nach unten, und bereits auf der Treppe konnte er das zweite »Wumm« orten, dem schnell ein drittes und viertes folgten. Offensichtlich kamen die Explosionen aus dem Keller. Dort angelangt, rutschte er beinahe auf Bergen von Erbsen und Bohnen aus. Als Mutter das hörte, stöhnte sie: »O Gott! Die Dosen sind explodiert!«

Und Vater sagte: »Da wird sich Mamsell aber freuen.«

Das tat sie. Ihre Stimmung war lange nicht mehr so gut gewesen. Großmütig verlor sie kein Wort über die Schweinerei im Keller, sondern verwöhnte uns zum Mittagessen mit einem völlig neuen Gericht: Schinken in Madeirasoße und als Nachtisch Tuttifrutti. Wir ließen es uns so richtig schmecken, und Vater nahm sogar noch zum dritten Mal eine ordentliche Portion. Dabei sah er Mutter an und sagte: »Vielleicht solltest du es noch mal mit diesen Konservendosen versuchen. Das Resultat ist doch sehr zufrieden stellend.«

Wünschen kann man sich alles

Merkwürdigerweise häuften sich im Juli die Geburtstage, nicht nur bei uns, sondern auch in der weiteren Verwandtschaft. Anscheinend hatte man auf den üblicherweise im Oktober stattfindenden Familientagen nachdenklich in die Runde geschaut und dabei festgestellt, dass nicht genug Nachwuchs vorhanden war, um die seit 600 Jahren bestehende Familie am Leben zu erhalten. Das Resultat dieser Überlegungen war eine Menge munterer Krebse.

So wurden wir denn im Juli zu Kindergeburtstagen durch die Gegend gekarrt. Natürlich ging es bei diesen Festlichkeiten sehr viel bescheidener zu als heute. Niemand wäre auf die Idee gekommen, sich vorher den Kopf zu zerbrechen, womit man uns amüsieren könnte.

Auch die Kaffeetafel zeichnete sich nicht gerade durch Üppigkeit aus. Die übliche Torte, um deren Mittelstück es jedes Mal ein Geheule gab, weil es dem Geburtstagskind zustand, es ihm aber jemand anders weggeschnappt hatte, war von der einfachsten Sorte und nur durch etwas Zuckerguss und Schokoladenstreusel herausgeputzt. Es gab den mit Puderzucker bestreuten obligaten Marmorkuchen und manchmal schon etwas muffig schmeckenden, mit einer Glasur überzogenen Zwieback.

In unserer Standarduniform Matrosenkleidung kamen wir angerückt, drückten dem Geburtstagskind eine Rolle saure Drops in die Hand und bestaunten den wirklich sehr überschaubaren Gabentisch, den ein Kreisel, eine Mundharmonika, ein Jojo, Knetgummi und eine Trillerpfeife zierten. Im Laufe der Jahre kamen auch Bücher dazu, »Pu, der Bär« oder »Der letzte Mohikaner«. Zwar war der Wunsch der Jungen ein Luftgewehr Marke Flaubert und der der Mädchen ein Puppenwagen. Aber wenn überhaupt, war für solche Kostbarkeiten der Weihnachtsmann zuständig.

Mit unserer Wohlerzogenheit, an die wir uns später so gerührt erinnerten, war nicht immer Staat zu machen. Mein Bruder und ein Vetter bekamen sich wegen einer Kleinigkeit derartig in die Haare, dass jeder von ihnen einen der im Flur des Schlosses aufgehängten Säbel, mit denen bereits ihre Vorfahren auf ihre Todfeinde losgegangen waren, herunterriss und damit auf den anderen eindrosch. Der mit einem Silbertablett voller Sherrygläser vorbeischreitende Diener griff keineswegs ein, sondern meldete den ahnungslosen Eltern mit gewohnter Würde: »Die jungen Herrschaften duellieren sich.« Ein feuriges, mit einem gewaltigen Haarschopf gesegnetes Mädchen schlug mit dem früheren Koppel ihres Vaters, auf dessen Schloss »Gott mit uns« stand, so wütend um sich, dass es »mit Gott« ein Kind fast das Auge gekostet hätte, und das nur, weil niemand widerstehen konnte, herzhaft in ihre

Mähne zu greifen und sie ordentlich zu ziepen. Ein Junge namens Franz, der bis dahin nie besonders hervorgetreten war, kam plötzlich auf die Idee, sich das Waldhorn des Gastgebers zu schnappen. Er rannte damit auf den Dachboden, kletterte aus dem Fenster und versuchte, ziemlich kippelig auf einem Sims stehend, dem Instrument so etwas wie eine Melodie zu entlocken, während unten die aufgeregte Familie wild gestikulierend hin und her lief. Auf der Rückfahrt war diese Ruhmestat natürlich *der* Gesprächsstoff. Nur Vater meinte, so müsse das letzte Röcheln der Dinosaurier vor ihrem Aussterben geklungen haben.

Damals war der Geburtstag der einzige Tag, an dem man einem Kind gestattete, Mittelpunkt zu sein. Nur mich hatte das Schicksal mal wieder benachteiligt, denn ich hatte einen Tag nach Vater Geburtstag, und am Tag davor kam erst Mamsell dran, deren Geburtstag selbstverständlich der wichtigste im Haus war. Es gehörte zum jährlich wiederkehrenden Ritual dieses hohen Festes, dass Mamsell vorher mehrfach betonte, wie sehr ihr dieses ganze Tamtam um so einen Tag zuwider sei. Ja, sie drohte sogar, wegzufahren, falls wir uns nicht daran hielten. »Vielleicht ja sogar nach Königs Wusterhausen«, murmelte Vater.

Doch je nachdrücklicher sie auf die Unwichtigkeit dieses Tages hinwies, umso mehr strengten wir uns an, denn sie wäre tödlich beleidigt gewesen, wenn wir diesem Hinweis gefolgt wären.

Diesmal läuteten wir ihren Ehrentag mit einem Morgenständchen vor ihrem Schlafzimmer ein. Ziemlich verschlafen krächzten wir Kinder und die Mädchen »Geh aus, mein Herz, und suche Freud«. Dann öffneten wir leise die Tür und schoben das frisch gewaschene Möpschen hinein, das einen blumengeschmückten Korb mit unseren kleinen Geschenken apportierte. Mit einem Frisiermantel bekleidet auf dem Bett sitzend, nahm Mamsell unsere Gaben gnädig entgegen und packte sie vor unseren erwartungsvollen Augen mit vielen Ahs und Ohs aus. Hatte die Welt jemals einen so hübschen Tintenwischer oder eine so schön beklebte Streichholzschachtel gesehen?

Im Gegensatz zu unseren Gabentischen war der ihre reichlich bestückt, und in der Mitte prangte eine der teuersten Torten der Konditorei Smolinsky, deren Zuckerguss eine große rote Marzipanrose zierte. Mamsells gerührtem, wenn auch kritischem Blick hielt Vater natürlich sofort entgegen, dass diese Torte den von ihr gebackenen nicht das Wasser reichen könne. Nach dem Mittagessen fuhren wir Mamsell spazieren und kehrten wie üblich in der »Perle des Westhavellandes« ein, wo wir uns an einer Weißen mit Schuss stärkten. Aber dann drängte Mamsell zum Aufbruch, denn das Diner, das am nächsten Abend zu Vaters Geburtstag stattfinden sollte, benötigte einige Vorbereitung. Und die Mädchen seien sicher wieder baden gegangen, anstatt das Silber zu putzen.

Natürlich wurde auch für Vater der rote Teppich ausgerollt. Ihn in aller Frühe mit einem Lied zu begrüßen, hatte er sich allerdings energisch verbeten. Doch selbstverständlich wurde sein Stuhl im Esszimmer bunt bekränzt, und um Frühstücksteller und Kaffeetasse rankten sich Rosen. Mamsell ehrte ihn mit einer Schichttorte, die sie nur selten buk, weil sie so viel Arbeit machte.

Am Abend lief alles hektisch durcheinander, um das Haus für die Gäste festlich vorzubereiten. Von der allgemeinen Nervosität angesteckt, rannte Möpschen von einem Zimmer ins nächste, bis er plötzlich von der Bildfläche verschwunden war. »Wo steckt der Köter denn nun wieder?«, rief Vater. Und Mutter sagte besorgt: »Er muss unbedingt eingesperrt werden! Seine feuchte Begrüßung ist nicht jedermanns Sache.«

Die Gäste kamen pünktlich, das Diner begann, die Kerzen im Kronleuchter kleckerten vor sich hin, und eines der Mädchen verhedderte sich beim Servieren im Fliegenfänger. Der Rehrücken wurde sehr gelobt und eine Rede auf das Geburtstagskind gehalten, die allerdings durch eine erdbebenartige Erschütterung ein jähes Ende fand. Alle blickten verdutzt, bis man die Ursache entdeckte. Möpschen hatte es sich, vom tief hängenden Tischtuch verborgen, unter dem Esstisch gemütlich gemacht und begonnen, sich ausgiebig zu kratzen. Nachdem er unter allgemeinem Gelächter verlegen davongeschlichen war, wandte man sich dem Nachtisch zu, Weingelee mit Vanillesoße.

Mutter hob die Tafel auf, und die Gäste verteilten sich auf der Veranda und in den Zimmern, während wir Kinder und die Mädchen Mokka, Zigarren, Cognac und Likör herumreichten. Dabei konnte ich nicht umhin, jeden Gast darauf aufmerksam zu machen, dass morgen mein Geburtstag sei, eine Mitteilung, die auf nicht allzu großes Interesse stieß. »Da freust du dich sicher, Kind«, war die einzige Reaktion. Nur ein Onkel strich mir übers Haar und fragte, was ich mir denn wünsche. Doch meine Antwort rief ein Stirnrunzeln hervor. »Einen Puppenwagen? In der heutigen Zeit! Ganz schön anspruchsvoll das Kind.« Mutter nahm mich in Schutz. »Wünschen kann man sich alles«, sagte sie lächelnd. Und dann schickte sie mich ins Bett.

Ich erwachte früher als sonst, bezwang mich aber und blieb im Bett, denn meine Schwester schlief noch fest, und nichts war unpassender für ein Geburtstagskind, als zu früh aufzutauchen. Während ich in meiner Phantasie bereits mit einem Puppenwagen durchs Dorf fuhr, schlief ich wieder ein. Als ich zum zweiten Mal aufwachte, war es schon halb neun und das Bett meiner Schwester leer. Sicher warteten sie längst mit dem Frühstück auf mich.

Doch davon konnte keine Rede sein. Statt des erwarteten »Da ist ja unser Geburtstagskind!« war gerade erst eines der Mädchen gähnend dabei, den Tisch zu decken. »Du bist aber früh«, war alles, was sie sagte. Schweigend setzte ich mich an meinen ungeschmückten Platz und sprach wie so oft, wenn ich mich unverstanden fühlte, den ersten Satz des Buches »Heimatlos« vor mich hin: »Meine Eltern kenne ich nicht«, und meine Mundwinkel zogen sich bedenklich nach unten. Doch Mutter und Vater schienen mich nach wie vor für ihr leibliches Kind zu halten. Sie kamen mit dem erwarteten Satz »Da ist ja unser Geburtstagskind schon« ins Zimmer, nur zum Schmücken hätten sie noch keine Zeit gehabt, aber zum Glück sei ich ja in diesen Dingen sehr vernünftig. Mein Bruder raste in die Küche, um das mir zustehende weiche Ei zu holen, meine Schwester reichte mir unaufgefordert meine Lieblingsmarmelade, und die Eltern begaben sich eiligst ins Wohnzimmer, um den Geburtstagstisch zu richten. Auch die Mädchen gratulierten mir jetzt, und Mamsell schenkte mir etwas Wunderbares: eine zeigefingerlange Badewanne aus Messing für die Puppenstube. Dann hieß es: »Augen zu und nicht aufmachen, bis wir es sagen«, und ich wurde feierlich an den Tisch geführt.

»Du wirst staunen«, sagte Mutter verheißungsvoll, und damit hatte sie Recht. Statt der obligaten Sandtorte gab es den immer vorrätigen Napfkuchen, weil Mamsell nicht mehr zum Backen gekommen war, meine Schwester, die hoch begabte Malerin, hatte mich mit einer nicht sehr glücklichen Zeichnung älteren Datums bedacht, mein Bruder mit einer Hand voll Marmeln, die ich ein paar Tage vorher an ihn verloren hatte, und wie immer bekam ich einen Kasten Buntstifte und zwei Bögen mit Ausschneidepuppen. Aber tatsächlich stand da auch der Puppenwagen, allerdings nicht mein Traum mit hohen Rädern, verchromt, und aufklappbarem dunkelblauen Verdeck, wie ich ihn bei Wertheim gesehen hatte, sondern ein hölzernes Gestell, das eher wie ein blau gestrichener Stuhl auf winzigen Rädern aussah.

»Kuck mal, ein Sportwagen!« Mutter legte liebevoll den Arm um mich. »Du sagst ja gar nichts.«

Vater sah mich an. Ein gewisses Verständnis lag in seinem Blick. »Die Freude hat ihr eben die Sprache verschlagen.« Er zog sein Portemonnaie, drückte mir unter den neidischen Blicken meiner Geschwister einen Taler in die Hand und fügte hinzu: »Nicht für das Sparschwein, zum Verprassen!«

Des Hauses Ehr

Die Linden blühten, was Vater zu der Bemerkung veranlasste, nun sei der Sommer wohl bald vorbei. Doch klang es keineswegs bedauernd, sondern eher hoffnungsvoll, wahrscheinlich, weil er sich heimlich nach dem Ende der Ferien sehnte und die Maxime »Des Hauses Ehr ist Gastlichkeit« allmählich als lästig empfand. Immer im Dienste der Gäste und ihrer Marotten zu sein – der eine konnte nur im Stockdunkeln schlafen und tat das bis in den Mittag hinein, der andere saß schon vor Tau und Tag im Esszimmer und wartete auf sein Frühstück –, war doch recht anstrengend.

Außerdem war Mutter mehr als sonst hinterher, dass er nicht wie ein Waldschrat herumlief, und beantwortete seine in klagendem Tonfall vorgebrachte Frage »Muss ich mich wirklich noch rasieren?« jedes Mal mit einem knappen Kopfnicken, nicht ohne noch hinterherzurufen: »Und zieh dir bitte eine andere Jacke an!« Denn die Abendmahlzeiten fanden nun bei Kerzenlicht statt, das gute Porzellan wurde aus dem Schrank geholt, und die praktischen Messerbänkchen neben den Tellern verschwanden, weil Mutter sie plötzlich spießig fand. Blumen schmückten den Tisch, und Mutter achtete darauf, dass die Mädchen beim Servieren weiße Schürzen trugen.

Während Vater auf das Vorrecht der erwachsenen Gäste, es so gemütlich und bequem wie möglich zu haben, Rücksicht nahm, war er keineswegs zimperlich, wenn es um unsere sommerlichen Spielgefährten ging. Nach dem Motto »Kinder sind zum Helfen da« nahm er sie ordentlich ran. Brennholz aufstapeln, Reusen flicken, Aalpuppen aufwickeln, Schnüre entwirren und Beete gießen gehörten zum selbstverständlichen Pensum. Vor allem aber setzte er sie gern bei den nie enden wollenden Arbeiten im Wald ein, für den die Jungen im Alter meines Bruders natürlich am besten geeignet erschienen. Sobald so ein ahnungsloses Geschöpf fröhlich aus dem Wagen geklettert war und Vater mit festem Händedruck begrüßte, prüfte er so ganz nebenbei seine Muskeln, was die Mütter etwas misstrauisch beobachteten. Doch das darauf folgende Lob »Prächtiger Bursche« oder der Ausruf »Klein, aber oho!« ließ sie geschmeichelt nicken, nicht ahnend, dass sie mit dieser Zustimmung das Schicksal ihres Herzepimpels besiegelten. Arglos ließen sich die kleinen Lieblinge auf den Bretterwagen, vor den die Liese gespannt war, locken und fuhren mit uns in den Wald, um Alleebäume anzubinden, junge Kiefernpflanzen von Unkraut zu befreien oder Zäune zu errichten. Allerdings merkten sie ziemlich schnell, worauf sie sich da eingelassen hatten. Ameisen kletterten ihnen in die Hosenbeine, Mücken und Bremsen ernährten sich von ihrem Blut und verwandelten ihre Haut in einen roten, unerträglich juckenden Streuselkuchen, und Beine und Arme machten schmerzhafte Bekanntschaft mit Dornen und Brennnesseln. Doch Vater hielt sie mit großem Geschick bei der Stange, indem er alles, was sie taten, über den grünen Klee lobte – etwas, was er sich bei uns völlig sparte. Wenn sie dann von ihren besorgten Müttern zu Haus wieder in Empfang genommen wurden, die Schrammen gepflastert und die juckenden Insektenstiche mit heilender Salbe bestrichen waren, erzählten sie völlig überdreht und mit überschnappender Stimme von ihren Erlebnissen. Eine Kreuzotter – »Ringelnatter«, murmelte Vater – hatte sie angezischt, sie hatten ein gefährlich grunzendes Wildschwein gesehen, bei dem es sich wohl eher um einen Dachs gehandelt hatte, und ein Riesenraubvogel, wahrscheinlich ein Adler, wahrscheinlicher aber doch eine Krähe, war ganz tief über ihre Köpfe geflogen. Die Mütter wussten nicht recht, was sie von alldem halten sollten. Aber da die Kleinen trotz der davongetragenen Blessuren quietschvergnügt waren, machten sie gute Miene zum bösen Spiel.

Nicht nur wir hatten in der Ferienzeit Besuch. Fast jedes Haus im Dorf beherbergte jetzt blasse, pickelige Stadtkinder, die man zur Erholung auf die Weide geschickt hatte. Es war schwer zu sagen, wer die größeren Vorurteile besaß, wir gegen die Städter oder sie gegen uns. Aber das glich sich aus, je nachdem, wer sich auf dem ihm vertrauten Terrain bewegte. Die Stadtkinder hatten keine Ahnung vom beschaulichen Landleben und tobten in den Ställen und auf dem Hof herum, dass die Kühe sich verjagten und keine Milch mehr gaben, die Pferde wild zu schnauben begannen und die Hühner mit wildem Gegacker durcheinander stoben. Sie waren wie Babys, sie stopften sich alles in den Mund, was sie für essbar hielten, Tollkirschen zum Beispiel, was viel Aufregung nach sich zog, denn die Gastgeber mussten unter großen Mühen und oft mit sehr rüden Methoden das einmal in den Magen Gelangte wieder ans Licht bringen. Die Stadtkinder verletzten sich beim Spielen an den landwirtschaftlichen Maschinen, rammten sich Mistgabeln oder Spaten in den Fuß, gingen sorglos mit Sense und Sichel um, so dass sie einem armen kleinen Gänseküken den Kopf abmähten, buddelten sich auf dem Heuboden Höhlen, in denen sie dann fast erstickten, kamen beim Schwimmen in gefährliche Nähe der Seerosen und versuchten, mit Brenngläsern den staubtrockenen Wald ein wenig aufzuheizen. Kurz gesagt, sie waren zu nichts Vernünftigem zu gebrauchen, und nach jedem Sommer sagte Mutter höchst erleichtert: »Gott sei Dank, es ist nicht viel passiert.« Dafür waren sie fixer als wir, schneller von Kapee und schlugen uns haushoch bei jedem kniffligen Spiel.

Wenn wir dann bei unseren Verwandten in Berlin zu Besuch waren, fanden die uns gehemmt und einfältig. Wir waren noch nie im Theater gewesen, konnten uns unter dem geheimnisvollen Wort Kinematograph nichts vorstellen und verstanden immer »Prärie«, wenn von der Peripherie der Stadt die Rede war, stolperten neben unseren Gastgebern über den Kurfürstendamm und rempelten, verwirrt von den vielen Menschen, dauernd jemanden an – »Mensch, haste Tomaten uff de Oogen?« Wir bestaunten die gekachelten Wände der öffentlichen Toiletten und waren unter dem herablassenden Lächeln unserer Vettern und Kusinen fasziniert von den Spucknäpfen auf den Bahnsteigen, neben denen man sich an einer kleinen Wasserfontäne nach dem Spucken den Mund ausspülen konnte.

Unter den vielen Kindern, die im Lauf der Jahre durch unser Haus zogen, gab es auch einen entfernten Vetter namens Kurt, ein freundliches Schlitzohr, der es verstand, sich überall beliebt zu machen, und deshalb allmählich schon fast ein Stammgast bei uns war. Nach der Begrüßung bedankte er sich erst einmal artig bei meiner Mutter, dass er zu den Auserwählten gehörte, die bei uns die Sommerferien verbringen durften, brachte Vater schnell dazu, ihm einen Vortrag über die Gefahren von Kiefernspannern, Rüsselkäfern und anderen Schädlingen, die den Wald bedrohten, zu halten, erkundigte sich höflich, wie es der Liese gehe, fütterte Möpschen mit einem mitgebrachten Wiener Würstchen und machte Mamsell nicht nur Komplimente über den ihm zu Ehren gebackenen Schokoladenkuchen, sondern jedes Mal auch ein kleines Geschenk. Obwohl wir es ungern zugaben, fanden wir ihn eigentlich ganz nett, denn er kam uns nie in die Quere, war weder rechthaberisch noch streitsüchtig, zeigte keinerlei Neigung, sich mit meinem Bruder darüber zu zanken, wer die Füchse kutschieren durfte, und lag am liebsten irgendwo im Garten und las. Trotzdem fanden wir, dass reichlich viel Gewese um ihn gemacht wurde. Er konnte sich vor jeder unangenehmen Pflicht drücken, denn er war – das wusste jeder – das »arme Kind mit dem gebrochenen Arm«. Dieser Vorfall lag zwar schon drei Jahre zurück, es ließ sich aber immer noch Kapital daraus schlagen. Eine Gießkanne tragen – unmöglich. Vater im Wald helfen – ausgeschlossen. Das Ruder in die Hand nehmen – wie denn, bitte? Bei jeder erbetenen Hilfe, die ihm zu mühsam war, brauchte er nur mit einem um Verständnis bittenden Blick auf seinen Arm zu tippen, und schon entschuldigte sich jeder, weil er nicht gleich daran gedacht hatte.

Auch in diesem Jahr zeigte sich Kurtie bei seiner Ankunft wieder von der besten Seite und hatte außerdem ein ganz außergewöhnliches Geschenk für Mamsell: einen Kanarienvogel. Prompt fingen wir an, uns zu ärgern, dass wir nicht schon längst auf so eine tolle Idee gekommen waren. Denn ein Kanarienvogel war auch für unser Sparschwein erschwinglich und machte eine Menge her. Dieser jedenfalls bestimmt. Mamsell konnte sich vor Rührung nicht lassen, und mehr als je zuvor mampfte Kurtie Köstlichkeiten wie Sahnebonbons, Baisers und Schokoladenkekse vor sich hin. Der Vogel war wirklich allerliebst. Er sang und trällerte, dass es eine Freude war, Vater allerdings manchmal etwas zu viel. Doch dann brachte es der berühmte »Irgendjemand« fertig, das Käfigtürchen offen zu lassen. Der Vogel flatterte hinaus und in die Küche, wo er neben Möpschens Kopf landete, der gerade seine geliebte

Buttermilch schlabberte und ihn verdutzt betrachtete. Nun muss gesagt werden, dass Möpschens Augen und Geruchssinn nicht mehr besonders gut waren, so dass er den Kanarienvogel anscheinend mit einem beweglichen Klumpen herrlicher Butter verwechselte und Anstalten machte, ihn zu verspeisen. Kurtie warf sich dazwischen und versuchte, Möpschen wegzuziehen. Es gab ein kurzes Gerangel, bei dem Kurtie ins Stolpern kam und hinfiel. Als endlich wieder Ruhe in der Küche eingetreten war, gab es keinen Kanarienvogel mehr, aber dafür einen gebrochenen Arm.

Das Liebesnest

Der Hochsommer war die Zeit der kalten Küche. Niemand hatte Lust, sich bei Temperaturen um die dreißig Grad den Magen mit schwer Verdaulichem zu füllen. Es gab Kartoffelsalat mit Würstchen, Geflügelsalat, Quark mit Schnittlauch und frischen Kartoffeln, Hähnchen in Aspik und als leichte warme Gerichte Omeletts aux fines herbes oder Aufläufe mit Blattsalat, dazu Obstgrütze oder Kaltschalen in allen Variationen und jetzt, im August, vor allem aus Kirschen. An unseren Fingern war zu sehen, wie fleißig wir beim Aussteinen geholfen hatten. Leider waren nicht nur wir, sondern auch die Stare sehr hinter diesen Früchten her. Sie ließen sich weder durch Böllerschüsse noch durch die von uns künstlerisch gestalteten Vogelscheuchen abhalten. Sie machten es sich auf ihnen mit viel Gekrächze bequem und ließen uns nur noch die an den Stängeln hängenden Kerne übrig.

Leider stieß unser Verlangen, den Durst mit Obstsäften zu löschen, bei Vater nicht auf das rechte Verständnis. Er war davon nicht abzubringen, dass das Brunnenwasser von der Hofpumpe für unsere Gesundheit das Bekömmlichste sei, ja geradezu ein Lebenselixier und köstlicher als jede Limonade, was er besonders betonte, wenn uns der Sinn mal wieder sehr nach Frau Trägenapps Brause stand.

Das Haus hatte sich inzwischen so aufgeheizt, dass wir Kinder uns tagsüber am liebsten im Esszimmer aufhielten, dem kühlsten Raum, von dem man einen weiten Blick über die Wiese bis zum See hatte. Dort spielten wir mit den Gastkindern »Tod und Leben«, »Mensch ärgere dich nicht« und »Ich sehe was, was du nicht siehst« oder stellten die berühmten drei Fragen hinter der Tür, bis Mamsell erschien, jedem von uns eine Haarnadel in die Hand drückte und uns in die Küche zum Kirschenaussteinen beorderte. Nachts schliefen wir nur noch bei offenen Fenstern und Türen, um auch den leisesten Windhauch einzufangen, der vielleicht ein wenig Abkühlung brachte. Sogar die Haustür stand weit offen, was Mutter ziemlich unbehaglich fand. Aber Vater zitierte: »›An Stehlen und Plündern kann ich niemand verhindern, Gott verzeih ihm die Sünde, der Schnaps steht im Spinde.‹ Außerdem«, fügte er hinzu, »haben wir ja noch Möpschen. Der wird einem Einbrecher schon Beine machen.«

»Da bin ich mir nicht so sicher«, sagte Mutter skeptisch, denn unser Bernhardiner begrüßte jeden Bettler und Landstreicher stets mit großer Herzlichkeit, während er anderen, offensichtlich in geordneten Verhältnissen lebenden Fremden knurrend die Zähne zeigte.

War man mit Mühe und Not eingeschlummert, hatte man im Morgengrauen schon wieder mit den Mücken zu kämpfen, die sich um diese Zeit besonders angriffslustig zeigten. Ach, diese Hitze war schon eine rechte Last. Aber ein paar Wochen später, wenn von Hitze schon längst keine Rede mehr war, trauerten wir ihr nach und diesen herrlichen, windstillen Nächten, in denen sogar wir Kinder uns noch spät draußen herumtreiben durften. Wir planschten im Witzker See herum, während sich so mancher Dorfbewohner, mit Seife ausgerüstet, dort ausgiebig wusch, und machten einen Heidenlärm, neugierig von den Kühen beglotzt, die ebenfalls im Wasser Kühlung suchten.

Der Sommer war auch die Zeit vieler Katastrophen und sorgte so für den nötigen Gesprächsstoff. Was für die Gutsnachbarn und Bauern, die mit der Getreideernte beginnen wollten, ein Unglück war, war für uns ein Segen: wenn es endlich mal richtig regnete. Während bei uns dann eine äußerst heitere Stimmung herrschte, waren sie am Verzweifeln. Im umgekehrten Fall konnte Vater uns nicht genug Schreckensbilder malen: vertrocknete Schonungen, Waldbrände und jede Menge Ungeziefer. In manchen Jahren waren wir nur damit beschäftigt, Gräben zu errichten, damit die Rüsselkäfer auf ihrem Vormarsch hineinpurzelten, so dass wir sie einsammeln konnten. Wenn wir von all diesem Schrecklichen verschont wurden, sorgte unsere Postfrau dafür, dass unsere Gänsehaut konstant blieb. Ein Kindermörder trieb sich in den Wäldern herum, ein verbrecherisches Subjekt spannte Seile über die Straße, in denen sich die Autos verfingen, ein kleines Mädchen war auf Nimmerwiedersehen verschwunden, ein tollwütiger Hund gesichtet worden.

Als ich eines Nachts nicht schlafen konnte, schlich

ich mich in der Morgendämmerung in die Küche, löffelte eine Schale mit Dickmilch, die auf dem Fensterbrett stand, in mich hinein und verließ leise das Haus. Auf meinen geliebten Pantinen, die Mutter mich ungern tragen ließ, weil sie angeblich schädlich für die Füße waren, schlurfte ich durch das noch schlafende Dorf und fand zu meiner großen Freude im Sand eine Glasmarmel mit einem Häschen darin. Sie musste mindestens das Zwanzigfache einer ordinären Marmel wert sein.

Danach gab ich mich meiner Lieblingsphantasie hin, alle Welt sei gestorben und ich sei als Einzige übrig geblieben, und nie, nie wieder würde ich eine menschliche Stimme hören. Im gleichen Augenblick sagte jemand dicht hinter mir: »Da fress mir doch gleich eener een Storch! Wo kommst du denn her?«

Ich schrie, aber es war nur eines unserer Mädchen, das mir ungehalten befahl, nicht so einen Krach zu machen und niemandem zu Haus zu erzählen, dass ich sie zu dieser Stunde auf der Straße getroffen hatte. Ich versprach es hoch und heilig. Doch nach ein paar Tagen hatte ich mein Versprechen vergessen und berichtete es wichtigtuerisch meiner Schwester, die es auf der Stelle meiner Mutter erzählte, von der es wiederum an Mamsell weitergegeben wurde, was zur Folge hatte, dass das Mädchen mich keines Blickes mehr würdigte.

Inzwischen sorgte Mamsell dafür, dass wir uns nicht zu lange auf der Veranda gemütlich in den Korbstühlen räkeln konnten. Im Haus gab es genug Beschäftigung. Die Silberbestecke waren nicht mehr vollzählig, und auch sonst fehlte dies und jenes an Silbersachen. Höchste Zeit also, sich darum zu kümmern und nachzukucken, wo sie geblieben sein konnten. Maulend machten wir uns auf die Suche, denn wir hatten uns gerade dazu durchgerungen, anstatt auf der Veranda rumzuhängen, zum See zu gehen. Wir waren den ganzen Tag beschäftigt, und es war wirklich erstaunlich, wo sich diese Kostbarkeiten überall versteckt hatten. Das Silberkörbchen einer ehemaligen Hofdame fanden wir im Schweinestall auf dem Kartoffeldämpfer, eine Suppenkelle war im Bienenschauer gelandet, zwei Gabeln lagen in der Waschküche auf dem Fenstersims und ein rabenschwarz angelaufener Teelöffel im Pferdestall auf dem Brett über der Futterkiste. Doch wirklich fündig wurden wir erst in einer Ecke der Scheune, allerdings weniger mit dem, was Mamsell vermisste. Hinter mehreren aufgestapelten Strohballen hatte sich jemand eine gemütliche Lagerstatt mit zwei Kissen von den Verandastühlen und einer aus dem Gastzimmer stammenden Wolldecke eingerichtet. Aus dem Stroh ragte der Hals einer Flasche von Vaters Lieblingswein, und daneben glitzerte eine strassbesetzte Haarspange.

Mamsell schäumte, das Mädchen würdigte nun auch meine Geschwister keines Blickes mehr, und Mutter machte ihr »Das geht nun aber wirklich zu weit«-Gesicht. Nur Vater blieb gelassen. »Oh, dass sie ewig grünen bliebe, die schöne Zeit der jungen Liebe«, sagte er und schenkte sich den kärglichen Rest aus der Weinflasche ein.

Der aufmüpfige Bulle

Zwei Tugenden, die man uns Kindern gern abverlangte, waren Einsicht und Verständnis, gleichgültig, ob es sich dabei um die verhasste Brotsuppe handelte – »Ihr müsst doch einsehen, dass Brotreste nicht in den Schweineeimer gehören!« – oder um das Pferd des Onkels. Der drückte meinem Bruder die Zügel in die Hand, um den Eltern nur mal ganz kurz guten Tag zu sagen, und erschien eine Stunde später wieder, in der mein Bruder das Pferd im Nieselregen auf der Dorfstraße notgedrungen auf und ab geführt hatte. Zwar entschuldigte sich der Onkel und sagte: »Hat wohl doch etwas länger gedauert«, worauf Vater sofort antwortete: »Aber das macht doch nichts. Dafür hat dein Neffe doch großes Verständnis«, nicht ohne ein drohendes »Nicht wahr, mein Junge?« hinzuzufügen. Wir mussten für Vaters schlechte Laune Verständnis haben und auf Zehenspitzen gehen – »Euer Vater hat den ganzen Tag im Wald gearbeitet, da braucht er jetzt seine Ruhe.« Und wenn wir einen Flunsch zogen, weil eine etwas bigotte Tante, anstatt uns, wie es sich für einen Gast gehörte, etwas Anständiges mitzubringen, jedem eine Losung zur Erbauung in die Hand drückte, hieß es: »Seid doch nicht so unbescheiden. Sie ist eben ein frommer Mensch. Dafür werdet ihr wohl doch noch Verständnis haben.«

Mit der berühmten Einsicht war es ebenso – »Du musst doch einsehen, dass ich dir nicht so mir nichts, dir nichts eine neue Puppe kaufen kann!« – »Du musst doch endlich einsehen, dass du zu groß bist, um noch am Daumen zu lutschen.« – »Du musst doch mal einsehen, Junge, dass das Leben nicht nur aus Angeln besteht.«

Wir Kinder fanden wiederum, dass sich die Erwachsenen lieber selber an die Nase fassen sollten, denn mit ihrem Verständnis und ihrer Einsicht war es unserer Meinung nach auch nicht weit her, vor allem uns gegenüber. Bei Mutter zum Beispiel haperte es oft sehr mit dem Verständnis – »Dass du jedes Mal vergisst, dir vor dem Essen die Hände zu waschen, dafür fehlt mir wirklich jedes Verständnis.« Und mit Mutters Einsicht stand es nicht anders. Es war für sie einfach nicht einzusehen, dass ich mit den Türen knallte, mit vollem Mund sprach, nie richtig zuhörte und allen dauernd ins Wort fiel. Mein Einwand, gerade dafür müsse sie doch Verständnis haben, das tue sie doch bei Vater auch, fand ein negatives Echo. Sie beklagte sich bei Mamsell, wie vorlaut ich doch in letzter Zeit geworden sei. Und Mamsell, anstatt mich in Schutz zu nehmen, bestätigte das mit der überflüssigen Bemerkung, mich steche wohl der Hafer.

Doch der stach den Jungbullen meines Onkels entschieden mehr. Er war gerade erst zum Herrn der Kühe gekürt worden, weidete auf der Nachbarkoppel und machte einen besonders angriffslustigen Eindruck. Brüllend stampfte er im Kreis herum und versuchte, sich von dem Pflock zu befreien, an dem er angekettet war. Damit war er für uns genau das Richtige, und wir konnten unseren Gastkindern aus der Großstadt endlich etwas ebenso Aufregendes bieten wie einen Löwen im Zoo. Mit roten Tüchern bewaffnet liefen wir zur Koppel, kletterten über den Zaun, wedelten mit den Tüchern und reizten ihn mit höhnischen Worten, obwohl Vater uns das streng verboten hatte. Vergeblich versuchte er, uns klar zu machen, wie arm dieses Tier dran sei. »Und«, fügte er warnend hinzu, »irgendwann reißt er sich los und kriegt euch!«

In einer dieser heißen Augustnächte sah ich einen Geist. Meine Eltern genossen noch die Sommernacht auf der Veranda, während wir schon in unseren Betten lagen. Aber da alle Türen offen standen, lauschte ich im Halbschlaf ihren Gesprächen. Vater hatte einen Kullerpfirsich angesetzt und versuchte, einer unserer jungen hübschen Tanten den Komplex auszureden, dass Männer sich nichts aus ihr machten, und das nur, weil sie so ganz anders als andere Mädchen war. Sie sei eben irgendwie zu ehrlich, und oberflächliches Flirten liege ihr nun mal nicht. Begleitet wurde dieses Bekenntnis von der mehrmals aufgelegten Platte »O Donna Klara, ich hab dich tanzen gesehn«. In Vaters Stimme lag Mitgefühl, in Mutters eine mir wohl bekannte leichte Gereiztheit. Ich kühlte meine zahlreichen Mückenstiche gerade mit Spucke, als ich von draußen ein merkwürdiges Geräusch hörte, das ich mir nicht erklären konnte. Ich lief zum Fenster, beugte mich hinaus und blickte in eine schnaubende Fratze. Mein Aufschrei weckte meine Schwester, die von mir wissen wollte, was denn nun schon wieder los sei, sich dann aber auf die andere Seite drehte und weiterschlief. Ich stürmte auf die Veranda. Vater, der gerade der trostbedürftigen Tante von dem Kullerpfirsich nachgoss, erschrak so heftig, dass ein Teil der Bowle danebenfloss. »Himmel noch mal! Was machst du denn hier?« Eine, wie Mutter fand, sehr berechtigte Frage.

»Ein Geist im Garten«, stammelte ich.

Die Tante fühlte sich sichtlich durch mich gestört. »Deine blühende Phantasie möchte ich auch haben«, sagte sie unfreundlich.

Vater erhob sich seufzend. »Na, dann will ich mal nach dem Rechten sehen.«

Von mir begleitet, ging er zur Haustür und ließ seinen Blick über Garten und Dorfstraße, die direkt an unserem Haus vorbeiführte, wandern. Aber nichts war zu sehen. Das Gespenst war verschwunden. Außer einem fernen Schnauben, das wahrscheinlich von der auf der Koppel gebliebenen Liese stammte, war kein Geräusch zu hören. »Nun aber schleunigst ins Bett mit dir und endlich geschlafen«, befahl Vater. Und das tat ich auch ohne Widerrede.

Der nächste Morgen verlief friedlich, bis die Postfrau völlig außer Puste bei uns ankam und erst nach einer Tasse von Tante Hertas Beruhigungstee die Sprache wiederfand, um uns zu schildern, was ihr unterwegs passiert war. Wie immer war sie ganz damit beschäftigt gewesen, nicht mit dem Rad auf dem märkischen Sand auszurutschen oder von den herausragenden Kiefernwurzeln zu Fall gebracht zu werden. »Und wie ick hochkieke, steht doch der Viech direkt vor mir.« Natürlich hatte sie sich fürchterlich verjagt, aber der Bulle anscheinend auch: Jedenfalls war er nach einem erschreckten Brummen wieder im Unterholz verschwunden.

Wir hatten gerade Waschtag, und der entlaufene Bulle war natürlich Thema Nummer eins in der Waschküche. Denn obwohl er erst vor wenigen Stunden aufgetaucht war, kursierten bereits die aufregendsten Geschichten.

Der Bulle hatte den Milchwagen attackiert, so dass die Kannen nur so durch die Gegend flogen, in der Nachbarkoppel hatte er sich über zwei verdutzte, aber dann doch wiederum recht willige Kühe hergemacht, er hätte Opa Trägenapps Handwagen mindestens zehn Meter weit geschleudert. Jetzt trieb er sich irgendwo herum, und größte Vorsicht war am Platz. Agnes Heidepriem war gerade dabei, sehr anschaulich zu schildern, wie ihr Vetter von so einem Tier zu Tode getrampelt worden war, als sie hinter sich ein Schnauben hörte. Sie drehte sich um und fand sich Aug in Aug mit dem Bullen, der versuchte, seinen Kopf durch das enge Waschküchenfenster zu zwängen. Kaltblütig schlug sie ihm ein kochend heißes Handtuch auf die Nase, was ihn veranlasste, den Kopf schleunigst wieder zurückzuziehen.

Schnaubend hielt er Ausschau nach weiteren Möglichkeiten, es den Menschen heimzuzahlen. Dabei kamen wir Kinder ihm in die Quere. Wir waren dabei, am Backofen unter der Anleitung meines Bruders Flitzbögen und Pfeile herzustellen, als er vor uns auftauchte. Geistesgegenwärtig schubste mein Bruder uns inklusive Möpschen in den Holzschuppen und befahl dem Bernhardiner, die Klappe, und uns, die Tür zuzuhalten. Blind und taub vor Wut, rannte der Bulle am Schuppen vorbei, über den Hof, wobei er unsere Mathilde, das Wunderhuhn, fast mit dem Horn erwischte, über die Straße, hinunter zum See, wo er erst den Kahn bearbeitete und dann ins Wasser stampfte und dort prompt im Modder stecken blieb. Es erforderte großen Aufwand, ihn mit Hilfe der Feuerwehr und eines Treckers wieder herauszuziehen. Allerdings war bei diesem Unternehmen der Fischkasten zu Bruch gegangen, und mehrere prächtige Hechte entgingen dem Schicksal, auf einer porzellanenen Schüssel, mit Petersilie umkränzt, zu enden. Das Ufer war beschädigt, der Trecker hatte die Eiche geschrammt, und der Kahn war so leck, dass er nicht mehr benutzt werden konnte.

Es gab ein großes Palaver mit meinem Onkel, der nicht, wie von Vater erwartet, einsehen wollte, dass er die Zerstörungen zu verantworten habe, sondern etwas flapsig meinte, so was passiere eben, wir seien ja schließlich auf dem Lande. Nur der Bulle zeigte Einsicht. Er gab keinen Pieps mehr von sich und trottete kleinlaut, fest am Nasenring geführt, neben dem Schweizer her, bedeckt von Wasserpflanzen und

Schlamm. Doch trotz seiner Demut und seines von nun an äußerst friedfertigen Verhaltens verlor mein etwas wetterwendischer Onkel die Lust an diesem Zuchttier, und so fand dessen Leben ein jähes Ende. Sein Nachfolger machte von Anfang an keine Schwierigkeiten. Er war ein sanftes, träumerisches Tier, das niemand zu fürchten brauchte, aber uns um ein herrliches Vergnügen brachte.

»Gott sei Dank«, sagte Mutter, »man hatte ja jedes Mal Angst, an der Koppel vorbeizugehen, so rabiat, wie diese Bestie war.«

Vater war anderer Ansicht. Ein so prachtvolles Tier, so voller Saft und Kraft, einfach dem Metzger auszuliefern, nur weil es gewagt hatte, aufzumucken und auszureißen! Er jedenfalls habe für das Verhalten des Tieres großes Verständnis.

»Ich nicht«, sagte Mutter und ließ sich Mamsells pikante Ochsenschwanzsuppe schmecken.

Die Bildungsreise

Mutter war der Meinung, auch ihre Kinder müssten mal raus, andere Tapeten sehen, nicht immer der gleiche Trott. Und so wurden erst mein Bruder und meine Schwester zu unseren Verwandten nach Schlesien geschickt. Meine Schwester fand das knorke, doch mein Bruder fragte: »Kann man da auch angeln?«

»Du und dein Angeln«, sagte Mutter irritiert. »Das ist ja schon die reinste Manie.«

Eine Woche später war es dann so weit. Wir brachten die beiden zur Kleinbahn. Sie hatte wie üblich Verspätung, und es blieb Zeit genug für Mutter, meine Geschwister mit Mahnungen einzudecken. »Verliert eure Fahrkarten nicht! Bleibt weg von der Tür! Hängt euch nicht aus dem Fenster!«

Lange winkten wir ihnen hinterher. Als wir wieder zu Hause waren, hüpfte mein Herz. Endlich, endlich ein Einzelkind. Eine Freude, die mir nur kurz vergönnt war. Ich hatte es mir gerade auf der Veranda gemütlich gemacht und war dabei, meine Papierpuppen neu einzukleiden, als Mutter erschien und mir in dem Jubelton, den sie meistens anschlug, wenn sie mich von etwas überzeugen wollte, verkündete: »Ich hab heute einen Brief von Tante Armgard bekommen. Sie würde sich rasend über deinen Besuch freuen.« Der Schreck fuhr mir so in die Glieder, dass ich einer meiner Puppen ein Bein abschnitt. »Tante Armgard?«, rief ich, als hätte ich diesen Namen noch nie gehört.

»Ja.« Mutter reagierte mit leichter Ungeduld. »Du weißt doch, sie wohnt in Potsdam. Sie muss dich wohl ins Herz geschlossen haben. In jedem Brief erkundigt sie sich nach dir. Du fandest sie doch auch immer besonders nett.«

»Ich?« Vor mir tauchte vage das Bild einer schon etwas schrumpligen Tante auf, die zum Abendbrot ein grauseidenes Kleid mit weißem Krägelchen trug, im Adelsblatt am liebsten die Todesanzeigen las, alles erschütternd fand – »Der arme Vincent, ihr wisst schon, der mit dem einen Bein, hat sich das andere nun auch noch gebrochen – erschütternd!« – und ständig auf der Suche nach ihrem Haarnetz war. Sie führte ein beschauliches Witwenleben in Potsdam und ließ sich leicht etwas aufschwatzen, insbesondere von Verkäuferinnen. So erschien sie einmal bei uns mit einem viel zu kleinen Hut und in einem offensichtlich teuren, aber viel zu mächtigen Mantel, in dem sie wie ein Kaffeewärmer aussah.

Mit dem Talent der Verkäuferinnen konnte Mutter es durchaus aufnehmen, und so war der von Tante Armgard ersehnte Besuch wohl eher ihre Idee. Mein Sträuben half mir nichts, Mutter blieb eisern. »Sei bitte nicht schwierig, Potsdam ist eine so schöne Stadt. Du wirst staunen, was du da alles zu sehen bekommst. Du weißt doch, das berühmte Glockenspiel: ›Üb immer

Treu und Redlichkeit / bis an dein kühles Grab / und weiche keinen Fingerbreit / von Gottes Wegen ab‹«, zitierte sie.

Ein paar Tage später brachte Vater Mutter und mich zur Kleinbahn. Er hatte uns sogar die zweite Klasse spendiert, wenn auch nur bis Rathenow. Ich fand das doof. In der dritten war immer viel mehr los. Gänseküken watschelten piepsend durch den Gang, oder ein Betrunkener grölte herum. Die zweite Klasse war so staubig, dass ich dauernd niesen musste, und völlig leer. Kaum hatten wir Platz genommen, verlangte es mich nach einer Stärkung, denn Mamsell hatte uns herrlichen Reiseproviant zurechtgemacht. Mutter pellte mir seufzend ein hartes Ei. »Wir sind noch nicht mal in Rathenow, und schon geht's wieder mit der Esserei los.«

Ich inspizierte inzwischen, was Mamsell uns so in die Reisetasche eingepackt hatte, und beschnupperte all die Köstlichkeiten. »Pummelchen mit Leberpastete, oh! Schokoladenkekse, mmmh! Stullen mit Schlackwurst, auch sehr gut!«

»Ein Ei und nicht mehr!«, sagte Mutter energisch. »Du weißt, hier gibt's kein Klo.«

Der Schaffner, der draußen von Abteiltür zu Abteiltür turnte, schwang sich herein, um die Fahrkarten zu kontrollieren.

»Wohin soll's denn gehen?«

»Nach Potsdam«, sagte ich.

»Potsdam«, wiederholte er so andachtsvoll, als hätte ich Honolulu gesagt. »Na denn, gute Fahrt.«

Im D-Zug fuhren wir selbstverständlich Holz-Klasse, und das letzte Stück legten wir mit der Straßenbahn zurück, das Nonplusultra für mich Landkind.

Die Tante wohnte im zweiten Stock einer ehemaligen Villa, deren Treppenflur mit roten Läufern, blinkenden Messingstangen, viel Marmor und großen Spiegeln ausgestattet war. Ich konnte mich von meinem Spiegelbild gar nicht trennen, bis Mutter ungeduldig wurde. »Nun komm endlich! Wir wollen hier nicht auf dem Flur übernachten!«

Wir klingelten, knarrende Schritte näherten sich, und Tante Armgard öffnete die Tür. Die von Mutter angekündigte rasende Freude über meinen Besuch schien sich in Grenzen zu halten. »Ach ja, das Kind«, sagte die Tante, tätschelte aber dann doch freundlich meine Wange. Geübt schlängelte sie sich durch die mit geschnitzten und gedrechselten Möbeln voll gestopfte Wohnung, während Mutter und ich uns an all dem Zierrat blaue Flecken holten, ehe wir uns aufatmend an einem niedrigen Tischchen zur Vesper niederließen. Für mich gab es einen Becher ziemlich wässrige Milch und für die Damen Kaffee, der, nach Mutters Gesichtsausdruck zu urteilen, eine ziemliche Plörre sein musste, dazu trockenen Kuchen. Das Gespräch drehte sich überwiegend um Familienmitglieder, die im letzten Jahr das Zeitliche gesegnet hatten, wie Tante Armgard sich ausdrückte, und natürlich um meinen Onkel, den viel zu früh und so erschütternd Dahingeschiedenen, der während der Trauung einer Nichte bei den Worten des Pastors »... bis dass der Tod euch scheidet« einen

Herzschlag erlitten hatte. Ich brannte darauf, auch etwas zu dieser Unterhaltung über Todesfälle beizusteuern und die Geschichte mit dem Bullen loszuwerden, der ja traurigerweise nun auch den Weg alles Irdischen gegangen, aber im Gegensatz zu dem Onkel noch für die menschliche Ernährung von Nutzen gewesen war, zum Beispiel in Form von Ochsenschwanzsuppe. Aber Mutter gab mir mal wieder keine Chance. Bereits nach den ersten, zugegebenermaßen etwas wirren Sätzen unterbrach sie mich. »Das gehört nun wirklich nicht hierher.« Und im Übrigen sei es höchste Zeit für sie, aufzubrechen, wenn sie den Zug noch rechtzeitig kriegen wollte.

Das Abendbrot bestand für mich aus einer dünnen Grießsuppe und einer Scheibe Pumpernickel mit einem Hauch von Schmelzkäse. Die Tante spielte liebenswürdigerweise noch eine Partie Mühle mit mir, und dann schickte sie mich ins Bett, obwohl es selbst für mein Alter viel zu früh war und ich die anderen Kinder noch auf der Straße lärmen hörte. Aber ich widersprach nicht. Ich hatte, von Mutter unbemerkt, einiges von Mamsells köstlichem Proviant in meinen Puppenkoffer gerettet, und nach meinem kärglichen Abendbrot lief mir allein schon bei dem Gedanken daran das Wasser im Munde zusammen. Leise knurpste ich in meinem riesigen Kastenbett so lange vor mich hin, bis der Magen jeden weiteren Bissen verweigerte. Ich hörte auf, an der Nachttischlampe herumzuspielen, und schlief, ein ungepelltes hartes Ei in der Hand, nach einem satten Rülpser auf der Stelle ein. Ich erwachte erst wieder von dem Rattern der schweren Jalousie, die jemand in die Höhe zog. Die Sonne schien mir ins Gesicht, und ich richtete mich auf. Vor mir stand eine kräftige Person etwa in Mamsells Alter und sagte: »Ick bin Anna. Nu sieh mal zu, dass du aus dem Bette und in die Puschen kommst. Aber Zähne putzen nich vergessen und ooch nich beim Waschen die Ohren.«

Anna war Tante Armgards Mädchen für alles und sollte meine Lebensretterin werden, als ich drohte an Langeweile zu sterben. Die Tante nämlich hielt weder etwas von einem Stadtbummel noch von Besichtigungen. Sie zog es nur zu einem Ort, dem Friedhof, der letzten Ruhestätte des Onkels. Zuerst fand ich es noch ganz interessant. Während sie an dem Grab des Onkels herumpusselte und sich mit anderen Trauernden, die das Gleiche taten, von dem immer wiederkehrenden Schmerz erschüttern ließ, schlenderte ich auf dem Friedhof herum, sah den Karnickeln zu, wie sie durch die Anlage flitzten, und hatte ein hochinteressantes Gespräch mit dem Kuhlengräber. Er erklärte mir genau, wie tief ein Grab sein musste und wie lange man im Winter bei starkem Frost dafür brauchte. Er stammte wie ich vom Lande, und in seinem Dorf waren die Toten noch in der Scheune oder im Stall aufgebahrt worden, zwischen Schafen, Schweinen und Hühnern. Am dritten Tag jedoch langweilte ich mich so, dass ich, gegen einen Grabstein gelehnt, einschlief, was die Friedhofsbesucher außerordentlich unpassend fanden. Außerdem spürte ich etwas, was ich noch nie gekannt hatte: wirklichen Hunger.

Nachdem Anna mich dabei ertappte, wie ich mich gerade über die Pellkartoffeln von gestern hermachte, hatte sie ein Unter-vier-Augen-Gespräch mit der Tante und nahm mich, wenn sie mit dem Abwasch vom Mittagessen fertig war, mit zu sich nach Haus, wo Töchterchen Erika, nur wenig älter als ich, bereits gespannt auf mich wartete. Ich bekam erst einmal ordentlich was zu futtern, und dann ging es ab in den Schrebergarten der Familie. Bei den Laubenpiepern fühlte ich mich sofort wie zu Hause. Es ging bei ihnen so ähnlich wie in unserem Dorf zu, jeder kannte jeden, dauernd wurde man ermahnt: »Tritt nicht aufs Geharkte«, und das Gespräch drehte sich um Ernte und Wetter. Kinder zum Spielen gab es reichlich, bewacht von Müttern, Großmüttern und Tanten, die bereits am frühen Morgen, bewaffnet mit Thermosflaschen, kalten Klopsen, Heringssalat, Kartoffelsalat und Kuchen, in der Schreberkolonie Einzug hielten und die hungrigen Mäuler mit Obst aus eigener Ernte und Mitgebrachtem voll stopften.

Erikas Vater war Kutscher in einer Bierbrauerei und war diesem Produkt sehr zugetan. »Willste 'n Schluck von meiner Weißen mit Schuss?«, fragte er mich alle Augenblicke, und Anna sagte tadelnd: »Nu mach aber mal halblang, Willi.«

Wir fachsimpelten über Vollblüter und Kaltblüter und dass ein guter Kutscher seine Pferde nur mit einem Zungenschnalzen zum Antraben bringen sollte und nicht mit der Peitsche. Erika besaß ein eigenes kleines Planschbecken, einen Laubfrosch und als besondere

Attraktion eine schwanzlose Katze, ein großer Anziehungspunkt für die Kinder der Nachbarn – »Wo is denn nu dein Katzenvieh mit dem ab'n Schwanz?« –, bis Erika rief: »Haut ab, ihr Piesepampels! Wir sind hier nich im Panoptikum!« Als sie meinen verständnislosen Blick sah, fügte sie hinzu: »Da jibt et Menschen aus Wachs.« Dann lüftete sie unter meinen neidischen Blicken zum x-ten Mal ihre Kittelschürze, um ihren rosa Schlüpfer hochzuziehen. Meiner war noch am Leibchen angeknöpft, und rosa war er auch nicht.

Ehe ich es mich versah, war meine Zeit um, und ich fuhr wieder nach Haus. Ich war in prächtiger Verfassung, und Mutter konnte Tante Armgard gar nicht genug loben, wollte aber dann genau wissen, wo ich überall gewesen war und was ich alles gesehen hatte. Sie zog mich liebevoll an sich. »Was hat dir denn nun am besten gefallen? Sanssouci oder die Linde mit den Bittschriften? Ich weiß, sicher das Glockenspiel.«

Ich schüttelte den Kopf. »Am schönsten war's im Schrebergarten von Anna«, sagte ich. Als sich herausstellte, dass ich mich ausschließlich dort aufgehalten hatte, war Mutter wirklich erschüttert, und Tante Armgard wurde nicht mehr sehr häufig erwähnt. Dafür fand ein Geschenk meiner Freundin Erika Vaters höchste Bewunderung: eine Büste von Bismarck aus Ton. In den Rillen auf dem Kopf, über den Augen und über dem Mund konnte man Gras säen, das tatsächlich nach kurzer Zeit zu sprießen begann. Stolz zeigte ich es meiner Familie. »Und neues Leben blüht aus den Ruinen«, sagte Vater.

Die Schlafwandlerin

Meine Schwester war mir in allem voraus. Sie konnte die Zungenbrecher »Die Katze tritt die Treppe krumm« und »Fischers Fritze fischte frische Fische« doppelt so schnell wie ich aufsagen, doppelt so viele Klimmzüge mit Überschlag an der Teppichstange machen und mit geschlossenen Augen, ohne das Gleichgewicht zu verlieren, auf einem schmalen Baumstamm balancieren, was ich trotz beharrlichem Üben nicht fertig brachte. Sie war eine Meisterin im Mogeln beim Kartenspiel, dem Erfinden von Ausreden und handelte stets nach dem Spruch: »Bescheidenheit, Bescheidenheit, verlass mich nicht bei Tische und mach, dass ich zur rechten Zeit das größte Stück erwische.« Sie vermöbelte meinen Bruder, wenn ihr danach war, und packte den knurrenden und wild nach ihr schnappenden Möpschen beim Schlittschuhlaufen am Schwanz, um sich von ihm übers Eis ziehen zu lassen. Sie jagte auf Vaters Fahrrad, Marke Brennabor, mit fliegenden Zöpfen über Stock und Stein und stemmte beim Bergabfahren sogar die Füße auf die Lenkstange, während ich schon daran scheiterte, beim Anfahren mein Bein über den Sattel des Herrenrades zu schwingen. Und nun hatte sie sich noch eine Fähigkeit zugelegt, die mich vor Neid erblassen ließ: Sie schlafwandelte. Mamsell hatte diese »erschütternde« Feststellung gemacht und an Mutter weitergegeben.

Ich war bei Vater gerade mal wieder in Ungnade gefallen, weil ich mich über die strenge Regel hinweggesetzt hatte, den »Havelländer« nicht anzufassen, ehe ihn Vater von vorn bis hinten gelesen hatte. Vater waren zerknitterte und von uns durcheinander gebrachte Seiten ein Gräuel. Ärgerlich zeigte er auf die von mir mit Fratzen verzierten Ränder und rief ungehalten: »Nun haben wir schon eine zweite Zeichenkünstlerin im Haus! Womit habe ich nur so viel Talent verdient!«

Er drohte mir, mich nach Neuruppin zu schicken. Ich sah ihn perplex an. »Neuruppin?«

»Ja, Neuruppin. Dort werden nämlich die Bilderbogen von Gustav Kühn hergestellt, die du so sehr schätzt. Und früher mussten Kinder in deinem Alter sie kolorieren, acht Stunden am Tag für fünf Pfennig die Stunde. Die haben bestimmt zu Hause keinen Pinsel mehr angerührt.«

Unser Gespräch wurde jäh von Mutter unterbrochen, die völlig aufgelöst auf der Veranda erschien und sagte: »Ich bin sehr beunruhigt.«

»Worüber denn, um Himmels willen?«, fragte Vater.

»Über unsere älteste Tochter. Sie ist mondsüchtig.«

Vater stöhnte mit gespieltem Entsetzen. »Ist man denn in dieser Familie vor keiner Verdrehtheit mehr sicher? Und wer hat das festgestellt?«

»Mamsell hat sie gefunden. Oder vielmehr Möpschen. Er hat jedenfalls wie verrückt gebellt, so dass Mamsell aufgestanden ist, um zu sehen, was los ist. Und weißt du, wo das Kind war? In der Vorratskammer neben der Küche saß sie ganz verstört auf einem Korb Äpfel und wusste nicht mehr, wie sie dahin gekommen war.«

Vaters Vermutung, die magnetischen Kräfte des Mondes hätten sie vielleicht zu dem Rest der Buttercremetorte geleitet, wies Mutter weit von sich. »Von der hast du doch gestern das letzte Stück gegessen. Dich geopfert, hast du gesagt, damit sie keinen Stich bekommt. Ich mach mir wirklich Sorgen.«

»Nicht doch«, versuchte Vater sie zu beruhigen.

Meine Schwester war mondsüchtig, und ich versank in Schwermut. Nachts durchs Haus zu streifen oder ein wenig durchs Dorf zu spazieren war bisher mein Privileg gewesen, und niemand in der Familie hatte sich deswegen besorgt gezeigt. Und nun lief mir meine Schwester den Rang ab. Mondsüchtig! Mit so etwas Ausgefallenem konnte ich nicht konkurrieren.

»Sitzt du mal wieder auf deinen Ohren?«, wollte Vater wissen. »Wir haben dich was gefragt. Wieso hast du eigentlich nichts bemerkt? Ihr schlaft schließlich im selben Zimmer.«

Unmöglich für mich, zuzugeben, dass ich im Gegensatz zu Mutters Meinung, ich sei ein übersensibles Kind und litte an Schlafstörungen, in der Regel bombenfest schlief. Und so erfand ich eine Geschichte, die jedem das Gefühl geben musste, meine Schwester sei im Oberstübchen nicht mehr ganz richtig. »Und einmal«, beendete ich meine Ausführungen, »hat sie sich nachts ein Glas geholt und das Wasser aus dem Aquarium getrunken. Den Goldfisch hat sie aber rechtzeitig wieder ausgespuckt.«

Zu meinem Leidwesen reagierten die Eltern keineswegs mit Entsetzen. Sie sahen sich nur an und verließen die Veranda gemeinsam, wobei Vater nicht versäumte, noch einmal anklagend auf den »Havelländer« zu zeigen und »Neuruppin« zu murmeln. An diesem Tag war das Thema erst einmal vom Tisch, aber nur kurz, denn als die Eltern spätabends von einem Diner zurückkamen, geisterte ihre Tochter im Nachthemd barfuß über den Hof, ohne auf Mutters Zuruf zu reagieren. Mutter weinte fast: »Das ist ja schlimmer, als ich dachte! Was sollen wir nur tun?«

»Na, erst mal dafür sorgen, dass sie sich die Füße wäscht, bevor sie wieder ins Bett geht«, sagte Vater. »Bei dem Entendreck hier auf dem Hof.«

»Füße waschen, Entendreck«, wiederholte Mutter empört. »Deine Sorgen möcht ich haben.«

Doch dann kam Möpschen angetrottet, gab meiner Schwester einen ordentlichen Schubs mit seinem dicken Kopf, und sie erwachte auf der Stelle aus ihrem somnambulen Zustand. Wie eine Schwerkranke wurde sie ins Schlafzimmer geführt und ins Bett gebracht, wo sie auf der Stelle weiterschlief.

Von jetzt an drehte sich das Gespräch nur noch um unsere Schlafwandlerin. Niemand interessierte sich für meine Erlebnisse bei Tante Armgard, weder dafür, dass ich dort fast den Hungertod gestorben wäre, noch für meine neue Freundin Erika mit dem rosa Schlüpfer und der Katze mit dem »ab'n Schwanz«. Warum konnte ich nicht wie sie ein Einzelkind sein und einen Vater haben, der mich huckepack durch die Schreberkolonie trug, im Unterhemd im Garten saß und mich von seiner Weißen mit Schuss trinken ließ? Auch mein Bruder fand, dass reichlich viel Wind um meine Schwester gemacht wurde, und das, wo er doch gerade mal wieder einen Hecht von sagenhafter Größe gefangen hatte. »Steck ihn in den Fischkasten«, war Vaters einziger Kommentar gewesen.

Es gab keine beschaulichen Gespräche mehr über den sich langsam verabschiedenden Sommer mit den kühler werdenden Nächten, keinen Rückblick auf die vielen lustigen Begebenheiten mit unseren Sommergästen, sondern immer nur das Rätseln über das merkwürdige Verhalten meiner Schwester und was dahinter stecken könnte.

»Na, was schon?«, sagte Vater, dem das Thema allmählich zum Hals heraushing, ungeduldig. »Wir sind doch alle mal schlafgewandelt.«

»Ich nicht«, sagte Mutter und fuhr mit meiner Schwester nach Rathenow zu unserem Hausarzt, um sie gründlich untersuchen zu lassen. Der horchte sie ab, ließ sie mehrmals »neunundneunzig« sagen, betrachtete eingehend ihre Zunge und sprach stirnrunzelnd von Plattfüßen und von Polypen in der Nase, hörte sich Mutters Bericht über die Schlafwandelei an und entließ beide mit dem Satz: »Das sind so Lebenssachen, das verwächst sich wieder.«

Nur wenig getröstet, kehrte Mutter zurück, denn sie bekam von allen Seiten grausige Geschichten serviert – »Mein Neffe ist dabei vom Dach gestürzt und war auf der Stelle tot« –, gewürzt mit guten Ratschlägen. Der Scherenschleifer, der wie jedes Jahr um diese Zeit durch die Dörfer zog und dafür sorgte, dass man auf unseren Messern nicht reiten konnte, wie Vater sich auszudrücken pflegte, schlug vor, zwei Scheren so im Bett zu platzieren, dass ihre Spitzen am Kopfende und an den Füßen nach draußen ragten. Das halte todsicher jeden bösen Geist davon ab, mit meiner Schwester Schabernack zu treiben. Mamsell war mehr dafür, ihr eine mit eiskaltem Wasser gefüllte Wanne vors Bett zu stellen. Ich fand den Vorschlag phänomenal. Leider jedoch wurde mir der Anblick meiner aus dem Bett in die Wanne platschenden Schwester nicht vergönnt, so oft ich auch, mich mühsam wachhaltend, im Mondlicht zu ihr hinüberblinzelte. Sie schlief und rührte sich nicht.

Ein paar Tage später weckte mich Möpschens Bellen. Das Bett meiner Schwester war leer, die Wanne unberührt. Jedenfalls war kein Tropfen Wasser auf dem Bettvorleger zu entdecken. Schlaftrunken lief ich Möpschens Bellen nach in den Keller.

Dort saß meine Schwester wimmernd in einer Pfütze süßer Sahne. »Was hat sie denn?«, fragte ich.

»Den Fuß verstaucht«, sagte Mamsell, von der meine Schwester anscheinend gefunden worden war.

Nicht so recht geklärt werden konnte, ob meine Schwester oder Möpschen in seiner Erregung den Sahnetopf umgeworfen hatte. Mutter fand das Ganze sehr beunruhigend, Vater eher dubios.

Das Ende vom Lied war, dass das bedauernswerte Kind, das acht Tage seinen Fuß ruhig halten musste, nach allen Regeln der Kunst verwöhnt wurde und von Mamsell nur noch seine Lieblingsgerichte wie Apfel im Schlafrock serviert bekam.

Kurioserweise hatte dieser Unfall meine Schwester plötzlich von ihrer Mondsüchtigkeit geheilt. »Ja, ja«, sagte Vater, »ein kleiner Schock wirkt manchmal Wunder.«

Mutter runzelte die Stirn. »Was soll denn das nun wieder heißen?«

Das Interesse meiner Eltern an mir kehrte zurück, wenn auch nicht unbedingt auf angenehme Weise. War ich früher für alles zu klein gewesen, war ich plötzlich für alles Mögliche groß genug, zum Beispiel, mir einen Knopf anzunähen, einen Strumpf zu stopfen oder anstelle meines Bruders das Pferd des Onkels auf der Dorfstraße auf und ab zu führen.

Marzipantorte à la Smolensky

Zutaten für eine 28-cm-Springform:

500 g Mandeln
15 Bittermandeln oder 1 Tropfen Bittermandelextrakt
375 g feiner Zucker
12 frische Eier, getrennt
1 Zitrone
1 TL geriebener Mazis (Muskatblüte)
2 gehäufte EL Stärkemehl

Für die Glasur:
150 g Quittengelee
200 g Puderzucker
2–3 EL Rosenwasser
1 Marzipanrose

Die Mandeln in einem Topf mit Wasser bedecken, zum Kochen bringen und dann mit kaltem Wasser abschrecken. Mandeln aus der Haut drücken, trocknen lassen und sehr fein mahlen. Den Zucker mit den Eigelb sehr weiß-cremig schlagen, den Saft der Zitrone zufügen, dann die Mandeln und die Muskatblüte. Weiterschlagen, bis die Masse weißlich-cremig ist.

Die Springform mit Backpapier auslegen und den Backofen auf 180 Grad vorheizen. Die Eiweiß zu sehr steifem Schnee schlagen, auf die Eigelbmasse geben, das Kartoffelmehl darüber sieben und alles unterheben. Die Schaummasse sofort in die Form füllen und in die mittlere Schiene des Backofens schieben. In der ersten Stunde die Backofentür geschlossen halten. Wird der Kuchen dann zu dunkel, mit Backpapier abdecken.

Die Torte ist gar, wenn einem Holzspießchen nach dem Einstechen keine Teigspuren anhaften. Dann die Torte aus dem Ofen nehmen und etwas abkühlen lassen. Erst dann aus der Form lösen. Das Quittengelee glatt rühren und die Torte damit dünn bestreichen. Den Puderzucker mit dem Rosenwasser verrühren und die Torte damit überziehen. Mit der Rose krönen. Torte am besten 1 Tag durchziehen lassen, damit sich das Aroma entfaltet.

SERIE PIPER

Ilse Gräfin von Bredow

Kartoffeln mit Stippe

Eine Kindheit in der märkischen Heide. 237 Seiten. Serie Piper

»Kartoffeln mit Stippe« – dahinter steckt die aufregend schöne, erfüllte, von Erinnerungen pralle Jugendzeit eines Mädchens in der märkischen Heide: das Leben einer alten Grafenfamilie in einem höchst ungräflich einfachen Forsthaus inmitten einer karg-schönen Landschaft. Ein vergnüglicher Erzählreigen voller Nostalgie.

»Es ist selten, daß jemand derart taufrisch schreibt, daß Erinnerungen so lebendig werden, wie das Leben war, ist und sein kann.«
Die Welt

05/1618/01/L

Ilse Gräfin von Bredow

Deine Keile kriegste doch

Mädchen-Erinnerungen an eine verlorene Heimat. 253 Seiten. Serie Piper

Nach »Kartoffeln mit Stippe« die Fortsetzung der Lebenserinnerungen der Gräfin von Bredow: Sie lebt mit ihren Geschwistern und Eltern in einem halbverfallenen Forsthaus mitten im Nirgendwo der märkischen Heide. Doch der Ausbruch des Krieges stört jäh die Idylle. Ilse Gräfin von Bredow zeichnet das lebendige Bild von ihrer Zeit im Internat bis zur Ankunft der russischen Armee, die die Familie schließlich zwingt, ihre Heimat zu verlassen …
Tragisches und Komisches stehen in diesen berührenden Mädchen-Erinnerungen an eine verlorene Heimat eng beieinander.

05/1620/01/R

Ilse Gräfin von Bredow

Familienbande

und andere alltägliche Geschichten. 255 Seiten. Serie Piper

Die Bredow zu lesen macht einfach Spaß. Keine kann wie sie Augenblicke aus dem Alltag beschreiben – liebenswürdig, aber mit Biß, ironisch, aber zutiefst menschlich. Mit ihrem unverkennbaren Feingefühl für die kleinen Dinge des Lebens verleiht Ilse Gräfin von Bredow ihren Geschichten einen besonderen Reiz. Mit Phantasie und viel Menschenkenntnis erzählt sie von Menschen aus unserer Zeit, von ihren Macken, ihren Stärken und Schwächen.

»Wer Spaß am Lesen haben will – hier wird er tellerrandvoll serviert, und nichts schwappt über.«
Welt am Sonntag

05/1617/01/L

Ilse Gräfin von Bredow

Ein Fräulein von und zu

Geschichten aus ganz normalen Kreisen. 199 Seiten. Serie Piper

Herzerfrischend normal geht's zu in der Familie von Trebnitz mit ihren vier Kindern, die ein romantisches altes Haus im Herzen einer Vorstadtsiedlung bewohnt: Im Mittelpunkt steht die hellwache zwölfjährige Charlotte, die selbstbewußt und liebevoll alles registriert, was in ihrer Familie und der Umgebung passiert ...
Ein echtes »Kartoffeln mit Stippe« von heute.

»Ein Buch, mit Zutaten zu lesen: Man nehme eine gute Flasche Rotwein, ziehe sich in den bequemsten Sessel zurück, den die eigenen vier Wände zu bieten haben, und stelle ein Schild auf den Tisch: ›Bitte nicht stören – hier wird gelesen!‹«
Die Rheinpfalz

05/1619/01/R

Ilse Gräfin von Bredow

Denn Engel wohnen nebenan

Rückkehr in die märkische Heide.
255 Seiten. Serie Piper

»Kartoffeln mit Stippe« – das war die unvergeßlich schöne, an Erinnerungen reiche Jugendzeit eines Mädchens: das Leben einer gräflichen Familie in einem höchst ungräflichen Forsthaus in der märkischen Heide. Der weltpolitische Umbruch hat es möglich gemacht, daß die große Erzählerin Ilse Gräfin von Bredow an den Ort ihrer Kindheit und Jugend zurückkehren konnte. In einer einzigartigen Mischung aus Erinnerung und Erleben der Gegenwart, aus verlorener Zeit und neuer Begegnung, eröffnet sich ein Panorama von Lebensläufen und Schicksalen, wie es nur jemand beschreiben kann, der das alles selbst erlebt, erlitten und erfühlt hat.

05/1086/01/L

Ilse Gräfin von Bredow

Ein Bernhardiner namens Möpschen

Erinnerungen an eine glückliche Kindheit in der Mark Brandenburg.
192 Seiten. Serie Piper

In ihren Erinnerungen aus der Mark Brandenburg erzählt Ilse Gräfin von Bredow liebevoll und nostalgisch, aber nie sentimental, von ihrer Kindheit: vom Schlittschuhlaufen auf dem Havelsee und vom vorweihnachtlichen Pfefferkuchenbacken, von der manchmal etwas anstrengenden Tante Barbara mit ihrem Bernhardiner namens Möpschen und von den Hauslehrerinnen, die nicht nur vor der kleinen Ilse und ihren Geschwistern, sondern auch vor der ländlichen Idylle kapitulieren. Die vielen Geschichten, Anekdoten und Feuilletons ergeben einen kunterbunten Strauß und lassen die Welt aus dem wohl beliebtesten Buch der Gräfin Bredow, »Kartoffeln mit Stippe«, von neuem aufleben.

»Die Autorin entführt ihre Leser auch diesmal wieder auf eine Insel der Seligkeit. Das Buch ist ein Geschenk.«
Hessische Allgemeine

05/1084/01/R

SERIE PIPER

Ilse Gräfin von Bredow

Glückskinder

Roman einer märkischen Adelsfamilie. 288 Seiten. Serie Piper

Waren es Glückskinder, die zu Beginn des Jahrhunderts aufwuchsen? Komtesse Feli von Flottbach war es sicherlich nicht unbedingt: Nach einer unbeschwerten Kindheit auf preußischen Landgütern wird sie nach Berlin geschickt. Dort soll sie sich zur Säuglingsschwester ausbilden lassen, gerät aber an ihren Vetter, einen Luftikus und Frauenhelden, der sich, als Feli schwanger ist, aus dem Staub macht. Schließlich heiratet sie den Gutsherren Viktor von Wiedenbrück und gründet eine Familie. Doch durch den Zweiten Weltkrieg verliert sie alles, was ihr lieb und teuer ist, und sie muß fliehen.

Ilse Gräfin von Bredow erzählt das Leben, wie es war, und sorgt dafür, daß vergangene Zeiten nicht vergessen werden. Ein liebenswertes Stück Zeitgeschichte voller Nostalgie, aber ohne Sentimentalitäten.

05/1083/01/L

Ilse Gräfin von Bredow

Willst du glücklich sein im Leben…

Geschichten von gestern – Geschichten von heute. 222 Seiten. Serie Piper

»Mit Nora wollte ich eine Frau meiner Generation zu Wort kommen lassen, wie es viele gibt: unbekümmert und unsentimental, selbstironisch und ein wenig naiv, immer bereit, sich am eigenen Schopf aus dem Sumpf zu ziehen.« Genau das hat Nora ihr Leben lang getan. Wie viele andere Frauen ist sie zur falschen Zeit jung gewesen und wird zur falschen Zeit alt, wie eine der eindrucksvollen Gestalten in diesem Roman so treffend sagt. Denn der Krieg fiel auch in Noras Jugend – und was sie nach ihrem Ausscheiden aus dem Berufsleben an Rente erwartet, kann ihr nicht ohne weiteres ein geruhsames, sorgenfreies Alter sichern. Wir begleiten Nora auf ihrer turbulenten Suche nach einer Tätigkeit und erleben ihren unerschrockenen Mut und gesunden Menschenverstand, ihren Charme und ihren Humor, der sie sicher durch die Schatten- und Sonnenseiten des Lebens führt.

05/1085/01/R